登頂　竹内洋岳

塩野米松

筑摩書房

ダウラギリ山頂（8167m）。2012年5月26日。竹内洋岳にとって8000メートル峰14座目。

チョー・オユー山頂へ向かう。8000メートル台は広大な台地状。頂上を探して2時間歩き回るはめに。
この写真の1時間22分後に中島ケンロウと頂上（8201m）に立つ。2度目の挑戦だった。

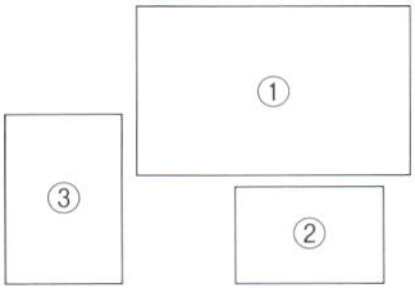

①ダウラギリ頂上部を望む。晴れの予報は見事に当たったが、風が強い。
②2012年5月24日、サミットプッシュのために斜面を登る竹内洋岳。
③2010年、チョー・オユー急斜面に挑む。この挑戦は7700メートルで断念。雪崩の危険が大きすぎた。

手前のテントで竹内、中島、阿蘇の３人は眠り、サミットプッシュの時を待った。

2010年、チョー・オユーキャンプ2（7125m）にて。見事な夕焼け。何組もの登山隊のテントが並ぶ。

日本人初8000メートル峰14座完全登頂、プロ登山家竹内洋岳（41歳／カトマンズにて）。

目次

第1章　8000メートルの山とは　9

第2章　パートナー募集　53

第3章　チョー・オユーへ　71

第4章　再びチョー・オユーへ　119

第5章　14座目　ダウラギリへ　193

登頂　竹内洋岳

装丁・口絵デザイン　倉地亜紀子
帯・表紙・口絵（2〜8頁）写真　中島ケンロウ
口絵（1頁）写真　竹内洋岳
地図作成　丸山図芸社
テープ起こし　山聲舎・広岡文子
岡野学

竹内洋岳（たけうち・ひろたか）

1971年生まれ　東京都出身　身長180センチ　体重65キロ　血液型O型　立正大学卒。株式会社ICI石井スポーツ所属　プロ登山家。

登山好きな祖父の影響を受け、幼少より登山とスキーに親しむ。高校、大学で山岳部に所属し登山の経験を積み、20歳で初めてヒマラヤの8000メートル峰での登山を経験。

1995年にマカルー（8463メートル）東稜下部初登攀により頂上に立ち、1996年には、エベレスト（8848メートル）とK2（8611メートル）の連続登頂に成功し、その後、活動をヒマラヤに集中させていく。

1998年に8年間在学した大学を卒業し、株式会社ICI石井スポーツに入社。

2001年からは、ドイツ人クライマー、ラルフ・ドゥイモビッツや、オーストリア人女性クライマー、ガリンダ・カールセンブラウナーをメインパートナーとし、各国のクライマーと少人数の国際隊を組み活動。酸素やシェルパを使用せず、アルパインスタイルを取り入れた速攻登山で複数の8000メートル峰を継続登頂するスタイルで注目を集める。

2007年にパキスタンのガッシャブルムⅡ峰（8035メートル）で雪崩に巻き込まれ、腰椎破裂骨折の重傷を負い生命の危機に陥ったが、各国登山隊のレスキューで奇跡的に生還した。もはや登山への復帰は絶望的とも言われたが、手術、リハビリにより、わずか1年後には、事故のあったガッシャブルムⅡ峰へ再び挑み登頂に成功。

2012年5月26日、ダウラギリの登頂に成功し、日本人で初めて8000メートル峰14座完全登頂を達成した。

第1章　8000メートルの山とは

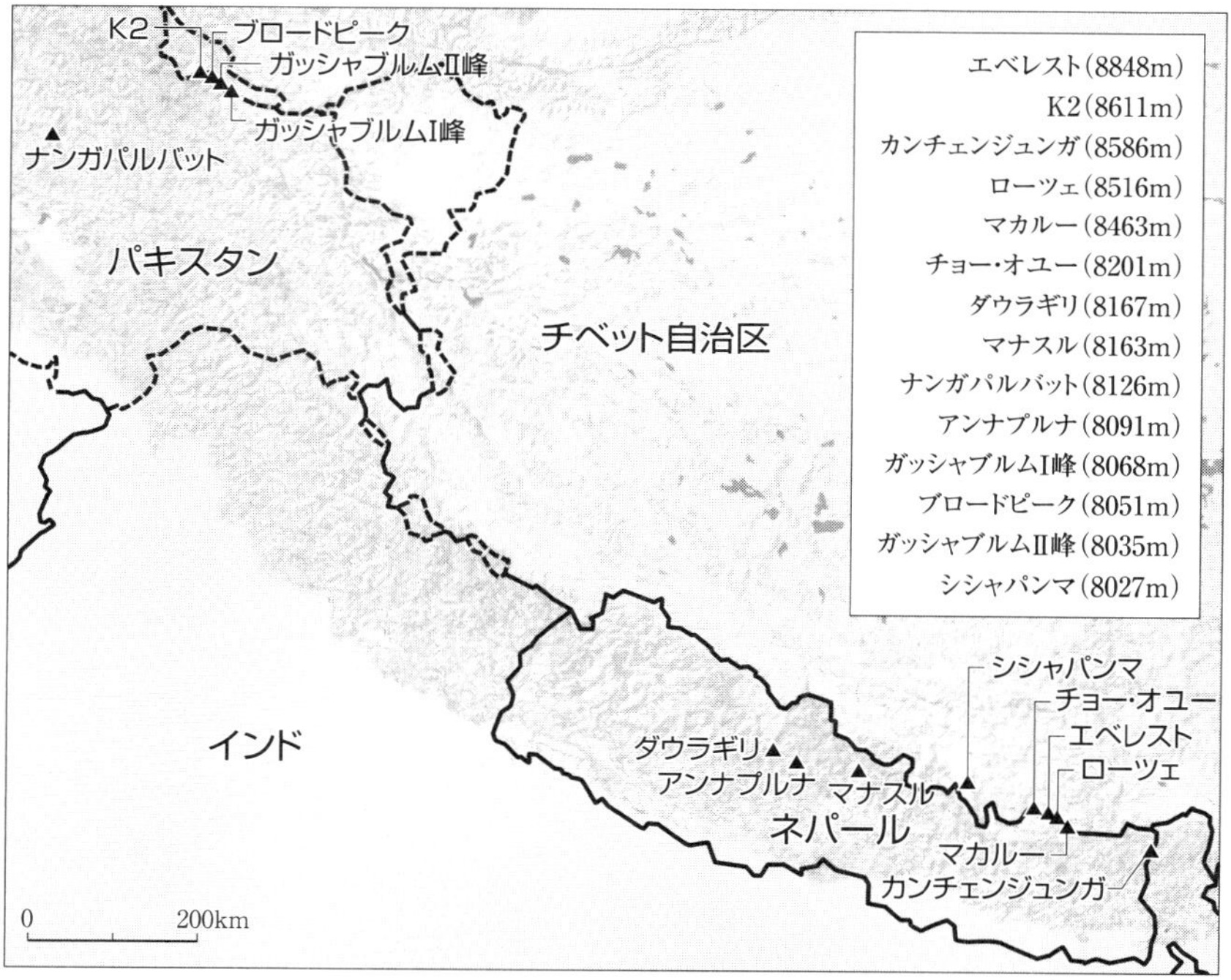
K2
ブロードピーク
ガッシャブルムⅡ峰
ガッシャブルムⅠ峰
ナンガパルバット
パキスタン
チベット自治区
インド
ダウラギリ
アンナプルナ
マナスル
ネパール
シシャパンマ
チョー・オユー
エベレスト
ローツェ
マカルー
カンチェンジュンガ
0
200km
エベレスト（8848m）
K2（8611m）
カンチェンジュンガ（8586m）
ローツェ（8516m）
マカルー（8463m）
チョー・オユー（8201m）
ダウラギリ（8167m）
マナスル（8163m）
ナンガパルバット（8126m）
アンナプルナ（8091m）
ガッシャブルムⅠ峰（8068m）
ブロードピーク（8051m）
ガッシャブルムⅡ峰（8035m）
シシャパンマ（8027m）

２０１２年5月26日、プロ登山家竹内洋岳がダウラギリ（８１６７メートル）に登頂した。地球上にある８０００メートル峰は14座。竹内はそれ以前に13座を踏破しているので、全14座全部に登ったことになる。日本人初の14サミッターとなった。

彼の12座までの登頂の記録は、聞き書きの形で『初代　竹内洋岳に聞く』（２０１０年、アートオフィスプリズム刊、発売丸善／２０１３年7月ちくま文庫）に紹介してある。今回のこの本では残る2座チョー・オユー（８２０１メートル）とダウラギリへの挑戦の様子を、竹内への聞き書きと、彼に同行した人へのインタビュー、竹内の日記風ブログから追いかけてみようと思う。

第1章では、８０００メートルの山とはどんなところなのか、どうやって登るのか、これまでの12座の話などを聞き書きの形で掲載する。元になっているのは私・塩野米松のロングインタビューである。

この章は以下、竹内の語り形式でまとめてある。

8000メートルという超高所とは

竹内洋岳です。

8000メートルの世界と聞くと、教科書的には空気が平地の三分の一ぐらいしかなくて、ジェット気流が直《じか》にぶつかる所で、気温もマイナス20度から30度ぐらいまでで、凄い寒くって「大変なところ」っていうようなイメージがあると思うんですね。

実はね、結構、皆さん、ちょくちょく8000メートル、行ってる筈なんです。飛行機のことです。エベレストの頂上は8848メートルなんですけど、それをフィートに直すと約29000フィートですね。

飛行機に乗った時に「当機は只今、29000フィートから30000フィートを順調に飛行しておりまーす」みたいなアナウンスが流れますね。そのときに窓の外を眺めていただくと、その景色が大体私たちが8000メートルの頂上に立って見てるものと似てる筈です。ですから、皆さんも8000メートルの高さからの風景というのは見てらっしゃるんですよ。ただ、私たちは、そこまで歩いて行ってるんです。

ちょっと、想像して欲しいんです。

その8000メートルぐらいを飛んでいる飛行機の外に、自分が出ちゃったらどうなっちゃうかなって。

恐らく5分ぐらいで意識を失って、10分ぐらいで死んでしまうでしょう。急に8000メートルの世界に連れて行かれちゃうと、そうなっちゃうんですね。

8000メートルの環境に入って行ける生き物ってアネハヅルとインドガンと人間だけなんですね。アネハヅルとインドガンは、渡りのために、恐らく、しょうがなしに越えているんだと思うんですね。アネハヅルは上昇気流に乗って、高いとこまで行って、仮死状態になって、滑空して越えて行くらしいんです。インドガンの場合は、最近わかったことなんですが、自分で羽ばたいて越えていくそうです。いずれにしろ、あの世界に好きこのんで入っていくのは人間だけなんですね。

私たちは、本来生き物が入っていけない環境に入って行こうとしてるんです。

ヒマラヤは、皆さん、凄い寒いイメージがあるかもしれませんけれども、7000メートルぐらいまでは、結構、暑いんですよ。それは、太陽に近付いていって、更に空気が薄くなってきますから、太陽からの光、熱射が直接当たる。しかも、下が雪ですから照り返しがあるので、凄く暑い。ところが雲が出てきて日がちょっと陰ると、すっごい寒くなる。月の表面みたいな感覚だと思うんです。

ところが7000メートルを越えちゃうと、もう日が当たろうが何をしようがとにかく寒いんです。凄く低温になるんです。水蒸気もなくなってきますんで、乾燥することでなお寒くなっていくんだと思いますね。気温が低いだけじゃないと思いますよ。酸素が少ないんで、身体のエネルギーが燃えてこないんですね。代謝がされなくなってくる。だから、尚更、体感温度が下がってって寒いんだと思います。

８０００メートルの山とはそういうところです。

日本人初になった理由

私が地球上にある８０００メートル以上の山、14座全部に、日本人で初めて登った理由ですか？

初めてだったのは、それは、それまで、やる人がいなかったというのが大きな理由だと思うんですね。

８０００メートル14座完全登頂という記録は、三十何年前にもう既にメスナー（ラインホルト・メスナー。イタリアの登山家、１９４４年9月17日生まれ）が１９８６年に、人類史上初の８０００メートル峰全14座完全登頂、それも無酸素でやっていて、今現在（２０１３年）、世界では30人近くの人が達成してますんで、登山の世界において、この14座っていう記録は、正直言って「今更の記録」なんです。

ただ、日本人では、14座の登頂者は、今まで出てこなかった。

過去には山田昇さん（１９５０年2月9日生まれ－１９８９年2月24日没。８０００メートル峰14座のうち9座に12回登頂）や、名塚秀二《なづかひでじ》さん（１９５６年11月19日生まれ－２００４年10月10日没。８０００メートル峰9座登頂）も9座までは登ってきたんだけど、何故か10座目で亡くなってしまってたわけです。

他にもやはり14座を登ろうとした人たちは、何人もいたんですけれども、やはり8座、7座の手前辺りで、事故を起こしてしまったり、怪我をして山を続けられなかったりということで、どうしてもこの9座を越えられなかったんです。

山田さんが9座まで登ってたとき、８０００メートル峰を10座登ってたのは、メスナーだけだったんで、もしかしたら、山田さんが世界で2番目の14座のサミッターになるか、もしくは、ククチカ（ポーランドの登山家。１９８７年9月18日に、メスナーに次いで世界で2番目に８０００メートル峰全14座登頂）という登山家か、どっちかっていうような、そういう時代だったんです。

その後、山田さんが亡くなってしまって、その後から、世界では14座の登頂者がドンドン出てきて、日本では、14座登頂という記録に挑戦する人もいないし、出来る人もいないだろうなということで忘れ去られていっただけではなく、私たち、登山をやってる者たちも、実は見て見ぬふりをしていたんですね。

新しい登山が世の中で始まっているのに、日本だけ14座の登頂者が出てないというのは、実は、ちょっと恥ずかしいとは言わなくても、引っ掛かってはいたんですけど、出来ないから、もう今更のことだから、「見ぬふりをしておこうかな」っていうような雰囲気がどっかにあったんです。それにつれて、山田さんや名塚さんという登山家のことをみんなで忘れてっちゃってたんです。私が今回、14座を登ったことで、山田さんや名塚さんの名前が再び表に出てきたわけなんです。それは良かったと思っているんです。

ただ、この14座登頂の記録は世界的には今更で、あの当時山田さんが14座を登るのとは、その価値はちょっと違うと思うんですね。

山田さんの時は、道具もまだまだ重たかっただろうし、情報も少なかっただろうし、ヒマラヤに行くということ事態がとっても難しかった。

それが今、わたしが使ってる道具はとても軽量で、高性能で、そして、情報もいっぱいあるし、ヒマラヤに行こうと思えばいつでも行ける時代になってきてます。

そういう条件の元で14座を達成するのは、山田さんたちとは全然価値も意味も違うわけです。どちらかって言うと、今の恵まれた時代だからこそ私は14座を登れたという考え方も出来なくはないわけですね。

ただ、日本で14座の登頂者が出てこなかったというのは、実は、私のようにヒマラヤ高所登山の世界に身を置いている者としては、なんで日本は、昔、あれほどヒマラヤ登山が盛んだったのに、出来ないのかという思いはあるんです。

ヒマラヤには、ジャパニーズルートという素晴らしいルートがいっぱいあるんですよ。特に、

８０００メートル峰のひとつであるマナスル。これ、日本人が初登頂してるんです。アンナプルナにはフランスが初登頂し、エベレストにはイギリスが初登頂し、ナンガパルバットにはドイツが初登頂し、ガッシャブルムはアメリカが初登頂し。中国が初登頂しているシシャパンマってい う８０００メートル峰が中国の国内にあるんですけども、これは、１９６０年代に入って、ようやく中国によって登られた。それまでは政治的な理由があって登れなかったという背景のある山なんです。ですから、これは、ちょっと除外したとしてもですね、他は、８０００メートル峰は全部、列強の国々が登ってきてる。

その中でマナスルを日本人が初登頂してるっていうのは、登山史だけではなくて、日本史、世界史としても素晴らしい記録だったわけです。そういう記録を持っている日本人から、14座のサミッターが出ないっていうのは、やっぱり、凄く悔しかったんですね。だからこそ、私は「14座を登りきって見せます」と宣言をして、登山をしてきたわけですけども、私が登れた理由は、実は、今の恵まれた時代だからこそ登れたんだと、そんなふうに思いますね。

私の14座頂上

山には頂上が必ずありまして、当たり前ですが、一番高いところに到達するというのが私たちの登山のルールなんですね。その頂上にはみんな特徴があります。

14座の頂上の様子を思い出してみますね。

まずは、私の初の8000メートル峰の登頂のマカルーから。マカルーに私が登ったのは1995年5月22日。マカルーは8463メートル。初登頂したフランス隊が、「まるで鉛筆の先のようだ」と表現をしています。

正にその通り。ほんとに先っちょに触れられないぐらい尖った頂上です。だから、実は、私たちが登った東稜下部からのコースは初登頂でしたが、マカルーで、私、頂上に立ってないんですよ。触っただけなんです。


2番目は8848メートルのエベレスト。私は1996年5月17日に登っています。エベレストは凄く混んでました。人がいっぱい登るんで、私はその日は、一番最初に頂上に立ったんですけど、私の後から続々人が付いて来てて。「写真を撮るから、早くどけよ」みたいな感じの頂上でしたね。

大きさがちょっとしたテーブルぐらいで。両脇は緩やかで気をつけていれば、別に落っこって行っちゃうようなところじゃないんです。

私が登った時には、昔、スイス隊が残した計測ポールが残ってました。今、それは、どっかいっちゃってるらしいんですけども。エベレストの頂上は、凄く混んでましたねえ。

3座目はK2《ケー》。そのときはエベレストから降りてカトマンズに。そしてそのままパキスタンへ行ってベースキャンプに入ってK2に登ったんですが、K2の頂上は、結構広かったんですよ。K2は8611メートル、南南東リブからのルートです。エベレスト登頂の約3ヶ月後の1996年8月14日。

K2は、パキスタンとチベットの国境にある山なんですけども、パキスタンの方向を見ると、遥か彼方まで氷河と、黒い山脈と言われるカラコルムの針のような山々が広がってるんです。でも、後ろを振り向いてチベットの方を向くと、茶色い砂漠がずうっと広がっている。

4座目。ナンガパルバットは、凄くいい山です。8126メートル。私の登頂が2001年6月30日。

もし、今行こうとしたら、日本からナンガパルバットのベースキャンプまでは、最短で3日で行けます。3日か4日あれば行けます。

1日目がイスラマバード。2日目がチラス。で、2日歩いてベースキャンプ。そういう意味では日本から最も近い8000メートル峰です。

ヘルマン・ブールが初登頂してます。オーストリア人ですね。彼が登るまでには、ママリーがそこで亡くなったりとか、数々の犠牲者が出て、一時は、キラーマウンテンなんて呼ばれてた非常に難しい山なんですけども、最近は、登頂率も上がってきてます。

登山シーズンが夏ですから、日本の皆さんが夏休みを使って登れるお勧めの山です。ちょっと今、政情が不安定なんですけども、いずれ良くなると思いますんで。ほんとにね、いい山です。

数々の歴史を生んだ山です。ナンガパルバットは、私たち、ヒマラヤをやる者はですね、「経験の山」って呼ぶんです。ナンガパルバットに触れた者は、その後いろんな経験をするっていう歴史があるんですね。メスナーもそうですし、エベレストの初登頂者のテンジン・ノルゲイというインド系ネパール人がいますけども、彼も一番最初の８０００メートル登山の仕事といったらナンガパルバットですね。いろんな登山のドラマが生まれた山ですが、素晴らしく良い山です。

私が登頂した時もちょっと不思議な経験をしてます。ラルフたちと登ったんですけども、ラルフのことは後で話しますが、私のヒマラヤ登山の大事なパートナーです。そのときはずっと天気が悪くてなかなか登れなかったんです。やっと、ファイナルキャンプから出て行ったんですね。ずうっと足首までのラッセル、雪こぎでした。

その後、頂上に突き上げる、クーロワールっていう大きな岩の溝があるんですね。そのなかに私が先頭で登って行ったんです。

そのクーロワールの中が複雑なライン取りを迫られるルートだったんですね。私は、何の迷いもなく、自分で言うのも何ですけども、ほんとにパーフェクトに頂上に到達をしたわけです。後から来た人たちが、私のトレースを追ってくるわけで、みんなは「ヒロ、凄いね。パーフェクトだよ。このライン」と言ってくれたんですけど、実は、これはオカルトの話じゃないですけど、私には、その登るラインが見えたんですよ。

私の前に誰かが歩いたような痕跡が見えたんですね。でも、そんなこと絶対にないんです。私の前に、最後に登ったのは前年の話であって、誰も先に行ってないです。だけど、何かが通った跡のような感じがしたんです。で、私は、それをずうっと追っかけてったら非常に合理的なラインを通って、頂上に到達したんです。

その時は、私が強過ぎちゃって、頂上に着いて次の人が上がってくるのに1時間半ぐらい、頂上で待ってなきゃいけなかったんです。写真を撮って貰わなきゃいけないと思って待ってたんです。恐らく、あれは私の8000メートル滞在最長時間だと思うんです。

もうひとつナンガパルバットの頂上では、凄く印象深い出来事があったんです。頂上は、岩の頂上なんです。他のヒマラヤの頂上って雪とか氷が覆ってたり、岩と雪が出てたりとかってするんですけども、完全に岩の頂上だったんです。岩がゴツゴツしてました。

とても天気が良くて、しかも、次から上がってくる人が遅いもんですから、その頂上の岩の上に腰掛けて日向ぼっこしてたんですね。そして、岩の上にこう手を付いたんです。そしたら、何か触ったんです。細長い金属のようなモノでした。それを手に取ってみたら、アルミの管みたいなものだったんですよ。葉巻ケースみたいなもので、蓋があって、パカンて開けたら、中に紙が入ってたんです。

その紙を広げたら何かグチュグチュグチュって書いてあって、最後にラインホルト・メスナーってサインが書いてあったんですよ。裏返してみると何かいろんな人が自分のサインをしてあって。これはね、何かっていうと、ちょっと話が複雑なんですけども、ラインホルト・メスナーは、昔、ナンガパルバットに登ってるんですね。

メスナーにとって初めての８０００メートル峰は、ナンガパルバットなんでけども、ルパール壁という非常に難しいルートから登ってるんです。この時、彼は、公募隊に参加して登山をしてるんです。ところが、この公募隊のリーダーはヘルリンヒ・コッファーっていう人なんですが、メスナーが彼の指示を全く無視して、弟のギュンターと勝手に突っ込んで行っちゃったんですね。そして、二人は登頂するわけです。

登頂するんですけども、下りで弟のギュンターが死んでしまう。どっか行っちゃう。そして、メスナーは、ひとりだけで、もうフラフラになって降りてくるんですけども、これ、登山の歴史としては、凄いことだったんです。ルパール壁をこっちから登って、別のルートから縦走してきたんですから。

公募隊で行っておきながら、公募隊のルールを無視して勝手に行っちゃったということで、帰ってから、裁判になったんですね。それでメスナーは、裁判に負けるんです。

登頂に関しても、写真も何にもない。そして、降りて来る時にギュンターが死んじゃってますから、ギュンターの証言もない。周りからは、登頂の記録がない上に、弟を見殺しにしたんじゃないかってんで、徹底的にバッシングをされるわけです。

メスナーは、そのバッシングを受けて、裁判にも負けますし、その後、ヒマラヤ登山から離れてしまったんですね。で、暫《しばら》くしてから、彼は、8000メートルをいくつか登った後に、「ナンガパルバットを登ってない」って言われてましたから、「くそっ」っていうんで、もう1回登り直すんです。しかも、新ルートから登頂するわけです。で、頂上に2時間ぐらいいて、写真を大量に撮ってるんですね。絶対に登頂したっていうために。

で、その私が見つけたアルミの管は、彼が二度目に登頂した時に、登頂の記録として頂上に残したものだったわけです。それは、実は、あまり公《おおやけ》になってなくって私知らなかったんですよ。たまたま手に触れて、開けてみたら、全然読めなかったんですけど、メスナーのサインだけ読めたんです。ところがね、何年か前に頂上に行った人に聞いたら、なくなってたって言ってましたね。誰かが持って降りちゃったらしいです。

それを聞いた時に、私、「俺が持って帰ってれば良かったなあ」って思ったんですけど。あの時は、そこまで悪知恵が働かなかったんですね。

そんなことがあったんですが、1時間半近く待って、やっとドイツ人のステファンがあがってきて、頂上が見えてなんか泣き出してるんですよ。感動して。頂上で感動的に抱き合って、「おめでとう」と言った途端に、私が、「ねえ、ステファン、何か書くモノ持ってない」と聞いたんです。私は、その紙の裏に自分のサインをしたかったんです。そしたら、「なんだおまえは、俺よりもペンの方が大事なのか」って笑われた記憶があります。結局誰も筆記用具を持ってなくて、書いてこなかったんですよ。ちょっと残念なことをしました。
ナンガパルバットはね、凄く印象深い頂上でしたね。

5座目はアンナプルナ。アンナプルナI峰は8091メートルですね。アンナプルナはね、もう一筋縄ではいかない山で、今まで登ったなかで最も難しかった……んではなくて、危なかった山でしたね。

岩登りやアイスクライミングというものは、自分が落ちなければ落ちないんです。ですから、例えば、氷の難しい斜面が出てくると、普通一般的にはロープを結び合って、ビレーを確保しながらひとり登って、ひとりが確保して下の人が上がるという登り方を通常はするんですけども、ヒマラヤの登山において、危険な部分を越えて行かなきゃいけないって時には、私とラルフとガリンダはロープを付けてしまうと一人ずつしか登れなくて、タイムロスをするんで、その場合はロープをはずして、バラバラに登ってっちゃうんです。

しかも、一列に並んで登っていくと誰かが落っこちると玉突きになって全部落っこちるから、斜面をそれぞれ分かれて登っていくんです。これなら、誰かが落っこっても、他の二人は落ちない。それぞれ、自分自身が落ちなければ誰も落ちない。

で、落ちる前に、「あ、これはやばい」って思って自分で降りるか、「ロープを出そう」と提案をするか、という約束で私たちは登山をするわけです。

ですから、氷の斜面も岩登りも、出来るだけ装備を軽くしてスピードアップさせようとするんですけども、アンナプルナの場合は、目の前で、ほんとにビルぐらいの大きさの氷の塊が、ドッカーンと倒れたら、倒れたその隙を見てダッシュで通るというような、ロシアンルーレットだったんですね。

ですから、これは、自分で落ちないようにとか、失敗しないようにっていうのはないわけです。もう巨大な氷が落ちてくるかもしれない。崩壊が起こって下敷きになっちゃうかもしれないっていうのを覚悟して入っていくしかないルートを私たちは選んで入っていったわけです。

その代わり、通常、８０００メートルの登山だと高度順化と言って、ま、キャンプ１に１回降りてきて、また、キャンプ１、キャンプ２といって降りてきてというような往復をするわけですけども、その危ないところを何度も往復したら、もっと危なくなってしまいますから、私たちは別の山で予《あらかじ》め高度順化をして、アンナプルナは、アルパインスタイルといって、ベースキャンプから頂上まで一気に登っていくという登山をしたわけです。ですから、通常は、８０００メートル峰を登る時には、14座目のダウラギリは１ヶ月ぐらいかけるわけですけども、アンナプルナは、ベースキャンプから出て頂上まで行ってベースキャンプに降りてくるのに５日間で行って帰って来て、「おしまい」って。

危ないところにいる時間を減らすことで、事故に遭う確率を下げる事しかできなかった。ま、そういう意味では、あの山は、とっても、「難しい」ではなくて「危ない」山だった。

アンナプルナの頂上は凄く細い。ナイフリッジの、氷の頂上でしたね。

ここの頂上は、実は、手前でも、何となく頂上っぽく見えちゃうんですよ。だから、私たちは、頂上まで行ったら、頂上の向こうっ側の景色を写真で撮ってくるというのが、ひとつ約束事になってます。

手前の、氷の斜面をバックにして撮っちゃうと、どこも同じに見えてしまうんで、その縁の向こうっ側を眺めた向こうっ側の写真を撮ってくるのが頂上の証明になりますね。

6座目。2004年7月25日に登りましたが、ガッシャブルムI峰は、あんまし印象はない頂上でした。頂上は岩ではなく、雪でしたけど、あんまり特徴がない山ですね。あそこは8068メートルだったのかな。

手前はね、結構、いろんな事があった山だったんですけど、頂上は普通の雪の、なんか日本でもありそうな雪の頂上でしたね。

7座目。シシャパンマは、8027メートル。14番目に高い山なんですけども、シシャパンマには頂上が二つあるんですよ。中央峰と主峰。

昔は、この中央峰に登ってもシシャパンマに登頂したことになったんですけども、やっぱり14座登頂のルールのなかでは、中央峰だけに登頂しても、認められなくなっているんですね。この中央峰から主峰に行かなければいけない。

中央峰までは、そんなに難しいとこないんですけども、最後の中央峰から主峰に行くところが難しいんです。

ですから、大抵は天気が悪かったりすれば引き返してしまう。でも、主峰まで行ったことを証明しなきゃいけないので、これも主峰に立って、中央峰をバックにして写真を撮ってくるというのが、ルールになってるんです。

私たちは、シシャパンマは、通常のルートの北側からではなくて、南側の南西壁から主峰に直接出るルートを選んだもんですから、主峰に直接登れたんですけども、一般的な北側からのルートですと、中央峰に登ってから主峰にトラバースして来なきゃいけないので、難しくなるんですね。

このシシャパンマは、ラルフとガリンダと3人で登ったんですけども、南西壁をアルパインスタイルで登って、そして、シシャパンマの登山史のなかでは初めて、南側から北側にトラバースに成功した登山だったんで、凄くエキサイティングな登山になりました。

ここは1991年、学生時代に初めて来た8000メートル峰でしたが、私は頂上に立つ役目ではなかったので、登頂はしてなかったんです。ラルフ達と登ったのは、私にとっては2度目の2005年5月7日でした。

8座目。カンチェンジュンガは、私、2度挑戦してるんです。1回目は2003年、北側から登って、途中までしか登れなかった。北面から登って7500までした。カンチェンジュンガは8586メートルあるんですね。それから3年後に南側から登って登頂するんですけども、登頂して向こうっ側覗いたら、何年か前に自分がいたベースキャンプの場所が良く見えたんです。テントは勿論ないんですけど。「ああっ、前来たところのベースキャンプだ」ってところが見える。

凄く狭い頂上でしたね。これも良い頂上です。

カンチェンジュンガは、頂上が岩なんですけど、その岩の縁のところにわずかに一段高い岩の塊があるんです。ほんとうは、ここの上が頂上なんですけども。ここには、「登らない」って約束になってるんです。

カンチェンジュンガは、地元の人たちにとって大切な神様なんで、その神様である一番高いところの岩には、触らないようにしましょうということが、国際的に決まってるわけじゃないんですけども、私たち、山に登る者としては、地元の人たちに敬意を払って、そこには触れないことになってるんですね。だから、厳密に言うと頂上に立ってないかもしれません。

カンチェンジュンガの登頂は2006年5月14日です。

9座目。マナスル、8163メートル。

これは、日本人が初登頂した山です。マナスルの頂上からの眺めは、8000メートルの山のなかでは、一番美しかったと思います。

他の8000メートル峰って、意外と近くに山がいっぱいあるんです。ですから、頂上に到達しても大きな山が見えるんですね。例えば、ローツェなんか登るとですね、ローツェのすぐ隣がエベレストなんで、もっと高い山が直ぐ隣に見えちゃったりするわけです。そうするとなんか自分が凄い高い所にいるような感じがしないんですけども、このマナスルは、南の方の平原に近いところにある山なんで、その頂上から見ると、大きな山は近くに見えないんです。

そうすると、インドの方を見たら「もしかして、ずうっと先は海なんだろうな」っていうようなところまで、何にもなく見渡せて、綺麗な眺めでしたね。

2007年5月19日に北面通常ルートから登頂しました。

10座目。ガッシャブルムⅡ峰は、8035メートル。ここは雪の頂上だったんですけど、すっごく狭くって、ロープを付けないとその頂上まで行けないような険しい山頂でした。

この山は二度挑戦してます。1度目は2007年6月から7月にかけて挑戦し、7000メートル付近で雪崩にあって、背骨や肋骨を折って軍のヘリコプターで下ろされてます。

10座目のジンクスが待ってたんです。背骨が折れてベニヤ板にくくりつけられたままイスラマバードまで運ばれ、その後成田に送り返してもらって、手術をしてチタンのシャフトを入れました。そのままリハビリをして、翌年（２００８年）、シャフトを入れたまま、７月８日に登頂しました。雪崩のことに関しては『初代　竹内洋岳に聞く』で詳しく話しました。

11座目。ブロードピークはね、ガッシャブルムⅡ峰の継続で登りました。23日後の２００８年７月31日の登頂でした。８０５１メートルなんですが、こいつが曲者で手前に偽ピークがいっぱいあるんですよ。

「あれが頂上か」と思ってそこに立つと、その先にまた高いところがあって、「あれかー」と思って行くとその先にまたあって、いっくら登ってもね、頂上に着かないんですよ。で、ふっと別の方角を見るとなんか遥か彼方に全然見たことのない山があるわけです。「あんなところに山があったかなあ」とかって思うと、実は、それが頂上で、ぐるーっとこう廻っていかなければならない。

ブロードピークは、「試練の山」といわれていて、偽ピークに登ってガスが出ちゃってると、ほんとの山が見えないんで、偽ピークを頂上だと思って勘違いして帰って来ちゃっう人がいっぱいいるんです。

それで「登った、登らない」で揉め事が多い山なんです。ブロードピーク、もし登る機会があったならば、一番ドン詰まるまで行ってくださいね。そこは、雪のピークなんですけども、かなり遠いんでそのつもりで行って下さい。

名前の通り、ブロードっていうのは、幅広いっていう意味ですね。ここは、なかなか曲者です。

12座目。ローツェは８５１６メートル。２００９年5月20日登頂ですね。

ローツェは、私もう凄いばてばてで、必死になって頂上に漸《ようや》く辿《たど》り着いて、頂上に這《は》い蹲《つくば》って、クチャって潰れたような感じになって写真を撮って貰った記憶がありますね。

頂上のこっちから行くと氷の斜面なんですけど、向こうっ側がローツェの南壁。パーンと切れていて、そこの縁を掴んで、覗いてみたんです。そういう修験道の修行がありますけど、そんなような感じの頂上でしたね。最後は這ってたんです。

13座目。チョー・オユーは、２０１１年9月30日の登頂です。８２０１メートル。前年にパートナーを募集して登ったんですが、７７００メートルで引き返したので、2度目の挑戦で登頂しました。

チョー・オユーはね、これがまた困った頂上で、頂上が何処か分かんないようなだだっ広い頂上なんですよ。で、多分ね、サッカーグラウンドが二面分ぐらいの広い平らな頂上なんです。そんななので、どこが頂上なのか、よく分からない。

どこまで登ったら頂上なのかっていう定義は、正直いってないんですけども、もし、趣味とかレジャーとかで登るんであれば、手前のところでいいんだと思うんです。

私たちは、スポーツとして登山をしていますから14座を登りきるっていう、そのルールを私たちは作ってるんですね。ルールを作った時に、チョー・オユーを登頂したという証拠になるのは、ダラダラと登ってる斜面をずうっと行くと、その斜面の向こうからエベレストとローツェが見えてくるんです。その縁の行けるとこまで行って、エベレストとローツェをバックにして写真を撮ってくるというのが登頂した証拠になるわけなんです。この登山に関しては、この後に詳しく話しますね。

14座目。ダウラギリ、８１６７メートル。２０１２年5月26日でしたね。頂上は岩の頂上でしたけど、風が猛烈に強かったですね。この頂上の話も後で、ゆっくり話します。

結構大変だったんです。

良い山とは

私にとって、「良い山」というのは、個性がある山のことです。

山の個性っていうのは、例えば、エベレストっていうのは、世界で一番高いという圧倒的な個性を持ってるわけですね。それはもう個性ですよ。そういう理由の他にも、ヒマラヤってのは、いろいろな国にあるんです。

チベットにあったりネパールにあったりパキスタンにあったり、中国にあったり、その国境だったり。そうすると、パキスタンにあるだけで、もう私たちが今日常生活しているなかで全く想像が付かないような環境にあるんですね。

あの国では男しか目にしないです。女の人いるんですが、出てこないとか。イスラムの国であるとか、豚肉は食べちゃいけないとかっていう、そういう環境、習慣、宗教だったりとか。そこに山があるというだけでもひとつの個性なんです。

その山が持つ歴史もあります。例えば、ナンガパルバットであれば、過去の登山史のなかにいろんな出来事が起きてるんです。いろんなドラマが生まれている。こういうものも全て含めて、その山の個性だと思うんです。

元々、山なんていうのは、地球のただの出っ張りで、別に誰に頼まれてそこにあるってるのでもないわけですね。タダの地球の出っ張りなのに、そこに人が関わることで、名前を付けてみたり、高さを測ってみたり、領土にしてみたりするんです。

そして、その山が８０００メートルだって事が分かったことで、いろんな人が登りに行く。人が登りに行くと、そこでいろんな出来事が起きて、そこに歴史が生まれて魅力が増していく。

登山ていうのは、山だけでもなく、人間だけでもなく、山と人間がお互いに結びつき合って、登山というモノを繰り返していくことで、その山の個性ってのがドンドンドンドン増していくんだと思います。

ですから、私にとって「良い山だなあ」ってのは、別に形だけでもないし、高さだけでもないし、そして、歴史だけでもなくて、まあ、そこの山、それぞれが持っている個性だと思いますね。

極地法とアルパインスタイル

私は、初めて８０００メートルの登山を経験したのは、１９９１年。まだ、21歳の時ですね。これは、大学の山岳部で行った登山だったんです。私は、頂上までは登らなかったんです。下で待ってる係だったんです。

で、次に行ったのが１９９５年のマカルーです。私、大学の5年生だったんですけどね。私、大学に８年いましたから。５年ぐらいどうってことないんです。

これは、日本の典型的な組織登山で行ったんです。日本山岳会という巨大な登山クラブが主催した登山隊でした。大学の山岳部やそのＯＢとかが集まったメンバーだったんです。当時の大学の山岳部も日本山岳会も大体同じですけども、多人数で遠征する時の荷物は多いんです。

マカルー登山隊の時は、日本から持ち出した荷物が全部で15トンでした。メンバーも20人ぐらいいたんですけども、東京の晴海埠頭の倉庫を借りて、約1年かけて荷物を作って、そのままコンテナへぶち込んで、そのコンテナを船に載せて、船でカルカッタ（現コルカタ）に上げて陸路、インド、ネパール、チベットに運ぶっていうような登山だったわけです。

よく覚えてるのが、大塚製薬からカロリーメイトをいっぱい寄附していただいたんです。トラック一杯ぐらい。4ヶ月の登山で日本人が20人でシェルパが十何人いますから、それぐらい普通に食べちゃうだろうという計算な訳です。

それを箱のまま持ってっちゃうと、箱が重いしゴミになるから、箱を剝ぐ訳です。箱を剝ぐだけで大人が5、6人寄ってたかってね、3日から4日ぐらい掛かるんですよ。カロリーメイトだけでそうですから、他にもラーメンや何かいっぱいあるわけですから、大変な作業なわけですね。

私は、メンバーのなかで一番下っ端ですから、隊長さんが「あれを持ってこい」っていうと、その「あれ」を探さなきゃいけないんですけど、目録がタウンページみたいな状態になってるんです。そういうような登山なんです。

それは、準備だけじゃなくて、山の中に入ってもそういう状態で、それは大きな会社みたいなものなんです。隊長さんが社長さんで、その下に装備係とか食料係とか、何とか係の部長さんがいて、その下に課長さんがいて、その下に私たちみたいな下っ端の平社員がいて、社長から「竹内、あれやれ」って言うと、「はいっ」って、それをやる。

山がどんなに吹雪であっても「おまえ、これ持って一番に行け」って言えば、行く。どんなに天気が良くても「おまえは、ここで待ってろ」って言われれば、そこで待ってる。その時は、隊長のテントの中にホワイトボードを置いて、磁石付きのメンバーの名札があって、「竹内」とか書いた磁石の位置で仕事や行動を確認していく。正に組織的な登山を展開したわけなんです。

これは、組織的な登山ですから役割分担制なんですね。役割として頂上に行く人がいると同時に、役割として頂上に行かない人もいる。頂上に行った人を迎えに行く人とかもいるんです。頂上に登頂してる日に、まだ下で荷揚げしてるという役割の人もいるわけです。

全員が登頂するという仕組みには、なってないわけです。

登山隊という組織の中で誰かしらを登頂させるっていう、そういうことが目的の組織で、誰かが登頂するんです。誰かが登頂すると登山隊全部の成功という登山だったわけです。私は、たまたま、マカルーの時には、頂上に行くという役割になったんですけど、あんまり自分が登った感じがしなかったですね。

「竹内さんが登ったなあ」とは、思うんですけど、「自分が登ったな」という感じはしない山登りです。もう、それだけいっぱい人がいるといろいろ諍《いさか》い事も起きるし、喧嘩も起きるし。ま、それがまた面白かったというのもありますけど。しごかれましたね。

ヒマラヤのその8000メートル峰の登り方には、ふたつ方法があります。

ひとつは、極地法と呼ばれる方法です。極地法というだけあって、南極、北極に向かってアムンゼンとかスコットとかナンセンが南極点、北極点に到達しようとした方法なんです。

船が接岸するところをベースキャンプとして、極点を目的地だとする。まず、船からキャンプ1というところを出して、そこまで何度も往復して船から荷物をそこに集めておくんですね。今度は、そこからキャンプ2に進み、また何度も往復して荷物を集める。そうやってドンドン、キャンプを延ばしていってベースキャンプからの補給を途絶えさせないことで、極点に到達するという方法なわけです。水平にやってた極地法を垂直にしたのがヒマラヤ登山における極地法です。

先に話したマカルーの時の登山法がその例です。

それに対して、アルパインスタイルという方法があります。アルパインスタイルというのは、ベースキャンプから頂上に向かって一度も戻らずに一気に頂上まで行って帰って来るという方法です。こっちの方が「簡単だ」と思うかもしれませんけど、持てる荷物が限られてるんです。更に、高度順化というのが必要なわけなんです。急に8000メートルの高い所に行けませんから、徐々に身体を慣らすために登ったり降りたり、登ったり降りたりを繰り返しながら身体を低酸素に慣らさなきゃいけないという、そういう手続きが必要なわけです。高度順化もしないで突然、ベースキャンプから頂上に行くことは、飛行機から外へ投げ出されることと同じですから不可能なわけです。

極地法は、順化と荷揚げを上手く取り入れて、何度も往復することで徐々に頂上に到達しようというものです。

ちょっと聞けば、極地法が古いやり方でアルパインスタイルが新しいやり方で、こっちの方が優れているんじゃないかっていうように、受け取られがちですけれども、それは、大きな間違いで、極地法でしか登れないルートもありますし、アルパインスタイルで登った方が成功率が上がるであろう山もあるんです。

アルパインスタイルはアルパインスタイルのできるルートで行われているわけで、アルパインスタイルでは登れないルートもいっぱいあるわけです。

極地法にするか、アルパインスタイルにするかっていうのは、私たちが選び取るコースの問題で、どっちが良い悪いではないです。

14座目のダウラギリは、ベースキャンプから一旦、キャンプ1、キャンプ2に上がって、そして、1回降りて来てるんで、アルパインスタイルにはならないんです。

アルパインスタイルかどうかっていうのは、サッカーや野球のルールに照らし合わせるようなもんであって、ルールに則って条件をクリアしないとアルパインスタイルとは認められないわけです。

ですから、今回のダウラギリ登山はアルパインスタイルじゃなくて、極地法なんです。ただし、私が昔やっていたような組織的な極地法とはちょっと違いますね。

昔の極地法だと、キャンプ1から10回ぐらい往復したりする。場合によっちゃキャンプ2までも7、8回往復してっていうような、荷物もいっぱい上げなきゃ行けなかったんですけど、私たちは人数も少ないし、荷物も最小限しか持ちません。酸素も使いません。シェルパも使いません。自分の持てる荷物だけで登りますからベースキャンプから1回上に行って降りてきて、もう次は頂上に向かって登って行ってしまう。

ですから、過去には、2ヶ月、3ヶ月掛かった登山も、私たちは、天気が悪くて長いこと待たされるようなこともあるんですけども、実働日数ですと、ほんとに1週間とか2週間で登ってしまう。

ダウラギリは、なんか凄い時間を掛けて登ってるような感じがしましたが、天気が悪くてベースキャンプで約2週間待ってたからで、登山をした日数は、キャンプ1に行った日、キャンプ2に行った日、キャンプ3に向かう途中で引き返した日、ベースに降りて来た日。そして、次にキャンプ1に上がった日、キャンプ2に上がった日、キャンプ3に上がった日、頂上へ行って帰って来た2日間、この9日間しか登山してないんです。

長い時間掛かったのは、自分の身体のコンディションと天気のコンディションが登頂に上手く合うように、ひたすら、タイミングを合わせていく時間なんです。同じ極地法ですけども、費やす時間がずいぶん違ってきました。

サミットプッシュの時、背中のザックには食べ物も基本的にはほとんど入ってない。温かいポカリスエットとカメラと衛星電話だけです。

公募隊というスタイル

私は、最初のうち、90年代後半までは、大学の山岳部であったり日本山岳会の登山であったりで、いわゆる、組織登山に参加したんです。当時はそういう大きな組織登山が毎年のように組まれてたんです。そこから誘われると、「行きます」「連れて行って下さい」って、手を挙げ、連れて行って貰ってました。それを繰り返したわけです。そうやって、私は、マカルーに登って、エベレストに登って、K2に登ってきたわけですが、90年代後半になってくると、日本の登山を取り巻く環境が変わってきて、組織登山が減っていってしまったんです。

今までは、話があって連れて行って貰うばっかりでしたから、それではやりようがなくなったわけです。そしたら、ある時、友達が、「今度、国際公募隊に行くんだけど、一緒に行かない」って誘ってくれたんです。山は、ナンガパルバットでした。「ナンガパルバットは是非行きたい」と思ってた山でしたから、後先も考えず、「行く、行く」「一緒に行く」と申し込んじゃったんです。

申し込んじゃってから、ハタと思いました。英語、全然喋《しゃべ》れないんですよ。しかも、外国人と一緒にヒマラヤ登山をしたこともないんです。日本の組織登山にしか参加したことがないですから。だけど、一緒に行く友人が英語は凄く堪能だし、外国人との登山の経験もありますから、この人にくっついて行って、背中に隠れてりゃあ、何とかなるだろうと思ってたんですね。お金も全部振り込んじゃいました。

ところが、私、当時、就職をしてましたから、会社を休まなきゃいけないんです。普通、3ヶ月も休むつったらクビになっちゃいますけど、大騒ぎをしたうえで、漸《よう》く休職で行けるっていう約束を取り付けたわけです。

そしたら、出発の1週間ぐらい前に、一緒に行く友人から、突然メールが来て、「病気になったから行けない。ごめんね」って。「ウッソー。どうすんのこれ」と思いましたよ。英語なんか一言も喋れないし、お金は払っちゃってて、1週間前だからキャンセルも出来ないし、あれだけ会社で大騒ぎして休みを取ったのに、今更、「行きません」は格好悪いし、もうしょうがないと思って、ひとりで行ったんですよ。

今までは大量の荷物送ってたのが、今回は別に持っていく荷物はなにもないです。手荷物だけです。それでも、そこそこありますから、飛行機に預けるだけ預けたうえで、今じゃあ、出来ませんけど、夏なのに登山靴履いて、ダウンジャケット抱えて、バックパックに重たいモノを集めて、飛行機に乗ってひとりで行ったんですね。

集合場所は、パキスタン・イスラマバードのホテルのロビーだったんですけど、心細いのなんのって。時間に行って、ウロウロしてるんですけど、誰が誰だか分かんない。メールのやり取りはしてるんですけど、誰も会ったことがありませんから。そしたら、向こうから髭《ひげ》の生えたおっさんが、私のことをジロジロ見ながら通り過ぎて行くわけですよ。「何だろうなあ。あの人」と、お互いに、「……」って振り向いて、「もしかして、ラルフですか」「もしかして、ヒロ」と会ったのが、14座の8000メートル峰のうちの半分の七つを一緒に登ることになるラルフ・ドゥイモビッツだったんです。

その登山は、世界中から人を募集した国際公募隊だったんですね。ただ結構、条件が厳しくて、過去８０００メートル峰を登ってなきゃいけないとか、いろんな条件があったんです。その時参加したのは、みんな有名なクライマーでした。雑誌で名前を聞いたことのある人たちもいました。彼等と登山をするわけですが、ドイツ人、オーストリア人、スペイン人、ラトビア人。日本人は、私ひとりで、10人ぐらいのチームだったんですね。女の子もいましたし、おばさんもいればおじさんもいるような登山隊だったんです。

まあ、みんな初対面の人たちが集まって登山にいくわけです。

この時のナンガパルバットの登山というのが、私にとって凄く大きな転換点になりました。今までの登山はさっき言ったように会社みたいなもんですから、ご飯食べるのも社員食堂で食べてるようなもんなんですよ。ご飯も立ち食い状態なんですから。食べた者から、すぐに荷物担いで「行くぞう」と、そういう状況だったんです。

ところが、ラルフの、その国際公募隊に行ったら、快適なダイニングテントがあって、テーブル、椅子《いす》があるんです。それにテーブルクロスが掛かってるんですね。ヨーロッパの人たちですから、お皿があってナイフとフォークがテーブルセットされていて、テーブルの真ん中には、花瓶があってね、お花が生けてあって、そして、誰かの誕生日があれば、誕生パーティ開いて、休みの日には、集まってダンスパーティとかするんです。「これは、全然違う、えらいとこに来てしまったなあ」と思いながらも、とても楽しくそこで生活をしてるわけです。

私と同い年の息子がいるとかっていうスペイン人のおばちゃんもいて、とっても可愛がってくれるんですね。多分、可哀想に見えたんだと思うんですよ。ひとりでね。英語も喋れないし、オタオタしてるし。まあ、みんなね、ほんとに優しく仲良くしてくれるんです。

ところがある時、事件が発生するわけです。

登山が始まり、キャンプ1、キャンプ2と入ってました。私たちがずうっと先頭でルートを伸ばしてたんですけれども、キャンプ2で天気が悪くなっちゃって閉じこめられちゃったんです。もう行くことも出来ない。下がることも出来ないというかなり切羽詰まった状態になって。そこで、全員でディスカッションをするんですよ。私は、それまで、「行け」「行きます」っていうような登山しかしたことないですから、山の中でディスカッションするだけでもびっくりするんですよ。

みんなで「どうするか」っていう話を1時間ぐらい、ワアーワアーワアー言い合うわけです。「行く」とか「行かない」とか、「待つ」とかってね。意見が出尽くしただろうというときに、ラルフが「ヒロ、おまえはどう思うんだよ」って言うわけです。みんなは、私がマカルーで非常に良い登山をしたクライマーだってことを知っていますから、固唾《かたず》を飲んで私の顔を見るんです。

私は、こういう意見を言ったわけです。

「チームを二つに分けたらどうだろう。ひとつは、上に向かってる登るチーム。ひとつは、食料、燃料が尽きてしまっているから、ベースキャンプまで降りて食料、燃料を荷揚げしてくるチーム。

そうすれば、荷物も補給されるし、ルートも伸びる。これは、日本の登山隊では、非常によくやられてる方法なんだ」と。

こんな流暢《りゅうちょう》に言ってないですよ。身振り手振りとかね。絵、描いたりとかで説明するわけです。そしたら、「おまえ、ふざけんな。帰れ」とかって言うわけですよ。今まで、あんなに優しくしてくれたのに、凄《すさ》まじい怒りようで、全員が敵意を剝《む》き出しにして私を責めるわけですよ。「我々は、この登山に同じだけの金額を払って、同じだけの権利を持っているんだ」「そして、同じだけのリスクのなかにいるのに、おまえは、頂上に向かって行く者と頂上から背を向ける者をつくるのか」って言うんですね。

私は、確かに、強かったですから、「おまえは、上に行く係の方に入るんじゃないか。おまえは、人を下げてまで頂上に向かって行きたいのか」とかって。

「こういう意見もあるよってだけなんだよ」って言ったんですけど、そんなのは通じなくて、揉《も》めに揉めて、帰らなきゃいけないかぐらいまで怒られたんです。後で誤解は解けて、また優しくしてくれましたけど、それを見た時に、「あっ、自分は、全然違う登山の世界に身を置いたんだな」って思ったんですね。

頂上という同じ目標を持っていて、その目標に向かうために全員が最善を尽くす、それこそがチームだったんですね。

個人の集合体がチームだったんです。

「自分がこれで随分変わったんだなあ」って思うのが、その公募隊の、ナンガパルバットだったわけです。

結局、その時はそのまま天気が悪くなっちゃって、1回、全員でベースキャンプまで降りて、暫《しばら》く待った後に、ほぼ全員で登頂をするという、まあ、登山としては、1回引き返したことで大成功を修める登山になったわけですがね。

これは、それまでの組織登山とどっちが良い悪いじゃないんです。ただ、今までやっていた環境から、私の登山というのが、そこで大きく変わったという、まあ、そのきっかけとなった登山がこの国際公募隊への参加なんです。

ここでラルフに出会って、この時は、私は、彼の会社にお金を支払って登山をアレンジして貰ったお客さんなので、また、お金を出せばこういう登山隊にも参加出来るかもしれないなとは、思いました。けども、その登山が余りにも偶発的に入っちゃってましたから、「ま、こういう事は、もうないんだろうなあ、こういう事も最後かなあ」って思って終わっちゃうんです。

ところが、その翌年にラルフからメールが来て、「今度、カンチェンジュンガに行くから一緒に行こう」「この間は、お客だったけど、今回は、客扱いはしない。友達として、パートナーとして一緒にチームを作って行こう」って誘ってくれたんです。で、そこに参加して、ガリンダに出会うわけですね。ガリンダ・カールセンブラウナーはオーストリアの女性登山家でした。後にラルフの奥さんになるんですが。

ガリンダとは、8000メートル峰を5つ、一緒に登りました。

その後は、私とラルフとガリンダが中心になって、ここまで登山をしてきたんです。

ラルフとガリンダと一緒に、どっか山へ行って、終わると、帰ってくるキャラバンの時に「次、どこへ行こうか」って、話しながら帰ってくるわけです。そして、カトマンズのホテルで、登れたらサクセスパーティー、登れなければ残念会をやって、じゃあ、次は来年の何月何日に、「このテーブル、集合」って約束して、お互いに家に帰って行くわけです。

メールのやり取りはしてるんですけども、約束の日に、また、そのテーブルに集まって、で、登山に。これを繰り返してきたんです。

だから、私は、ラルフとガリンダと一緒に、ひとつの山に登って、その頂上に立った時に、その向こうに次の山の頂上を見つけて、そこに登るというのを繰り返してきたんです。

そうやってひたすら登り続けてたら、ラルフ、ガリンダに初めて会った時には、お互いに3つとか4つしか8000メートル峰を登ってなかったんですけど、8とか9とか、10座とかになってきたんです。そしたら、その先に14座って目標が見えてきた。それで同じ目標を3人で持とうっていう約束をしたわけです。

ラルフは、ドイツ人初の14座サミッターになった。ガリンダは、女性初の14座サミッターではなかったですけど、女性初の無酸素での14座のサミッターになった。そして、私は、日本人初の14座サミッターになる。「最後まで3人とも死なないで14座登りきろうぜ」っていう約束が、14

座達成という目標を持った理由なんです。

そして、3人は約束通り、死なずに登りきった、っていうことですね。

登山の費用は?

公募隊の費用ですか?

最近、ちょっと円安なんでね、少し高くなっちゃってるかもしれませんけど、酸素を使わない、シェルパを使わないで、出来るだけ安く行こうと思えば、ナンガパルバットであればね、100万円ぐらいで何とかね、ギリギリでやれそうな気がするんですけどね。

エベレストで国際公募隊に参加する場合ですと、グレードの高いもので、酸素使って、シェルパがひとりにひとりずつ付いてくれるぐらいで、ロープも張ってくれる、テントも張ってくれるっていうと、今、大体ね、相場がひとり500〜600万円ぐらいなんですよ。もっと高くしようと思えば、いっくらでも高く出来るんです。いっぱい酸素を吸いたいとか、いっぱいシェルパを侍《はべ》らせたいとかっていうと、ドンドンドンドン値段が高くなっていっちゃうんです。

私たちがやってるのは、酸素も使わないし、シェルパも使わないし、あと、道具も別にそれ用に用意するんじゃなくて、普段使ってるモノを持ってってとかっていうふうにやると、そんなにとてつもない金額が掛かるわけではないんですよ。

私が14座に登れた様々な条件の一つは、そういう料金で行くことが出来るというのがあります。だから、その回の登山が駄目だったら還る。死ぬ前に還る。そういうことがいくつも重なって出来たんですね。それから、着ているウェアも軽くなった。テントも軽くなった。食べるモノもそうです。天気予報は非常に正確なものが手に入れられます。

例えば、この日の、この時点に頂上に立って、その日のうちに降りて来られるなら、良い条件を整えることが出来ますよっていう様々な条件を手に入れることが出来るようになったんです。それまでは、高度順化して体調を整えて、ベースキャンプで待機してればいいわけです。

エベレストに限らず、ヒマラヤっていうのは、その昔は、ほんとに限られた登山家しかそこに行く事を許されなかったわけです。だけど、今の時代は、誰もが登れるわけではないけども、誰もが、条件を整えさえすれば、どんな人でも、そこに挑戦することは出来る、そういうふうに山に行けるようになったというだけでも、ほんとに大きな違いだと思います。

私、初めて8000メートルを登ったマカルーからダウラギリまで17年掛かったんです。だけど、この17年間ていうのは、私以前の14座の登頂者が掛けた年数よりは短い方なんですよ。

私は、ほんとに個人的にこの登山をしてきたんですけども、それでも短くなってきてるんですね。ということは、これからもっと情報が発達をして、マテリアルとかギアが進化してったら、17年掛からないで、14座を登頂する人は出てくると思うんです。これから、14座を登り始めようとした時には、もしかしたら、十年後、十数年後に14座のサミッターが、また日本にひとり増える可能性もあるかもしれないということですね。だから、そんなにいつまでも14座のサミッターが日本人にひとりだけということはないような気がしてます。

高所でのトイレは？

8000メートルに登っている時のトイレはどうしてるのかと聞かれましたのでお答えします。ベースキャンプではちゃんとトイレ作るんですよ。いろいろ環境問題が、今問題になってきてます。昔は、たいして、人が行かなかったですから、問題にならなかったんです。ところが、今は、特にエベレストなんかは、もうほんとに人が行き過ぎちゃって、無理なんです。そういう所は、ちゃんとトイレを作って、その処理はちゃんと土のあるとこまで下ろすんです。そして、土壌に入れて、微生物に分解させるような仕組みというルールが出来てます。

それと同じように、8000メートルの他の山もベースキャンプは、大体、土のあるところは、土に埋めたりしていますね。8000メートルそこに人が住んでますからね。そこに住んでる人たちと同じような処理の仕方です。

で、上に行ってしまうと、全部持って帰って来るのがなかなか難しいです。そういう時は、危なくないところでするしかないんですね。それも、ゆくゆくは、マッキンリーみたいに、そういうモノも全部下ろしましょうっていうふうになるかもしれませんが。

今、私達は、場合によっては高所ではテントの中でオシッコをするんです。何故かっていうと、外に出ると寒いし、危ないんです。テントの外はもう氷だったりするんですね。そうすると、テントの外に出る時に、靴もクランポン（氷の上を歩くため靴底に装着する金属の爪）も履いてハーネス（登山用安全ベルト）も付けて出て行かないと危ないような所でトイレをしなきゃいけない。それは、とっても危険なので、テントの中で。大の方は難しいのでした事ないですけど、小はテントの中でするんです。

それは、ナルゲンというブランドのポルプロピレンの安い方の広口のボトルを使うんです。これは、慣れると女の人も出来るようになるそうです。ガリンダは、時々やってるって言ってましたけど、見たことないです。これはね、熟練すると寝袋の中で寝たまま出来るようになるんです。私はやり方をラルフから教わって、結構得意です。で、チョー・オユー、ダウラギリと一緒に行った中島ケンロウさんには何度か教えたんですが、出来ませんね。

何度、やり方をちゃんと説明してもねえ、駄目だったようですね。

そのポリタンクは、飲み水用ではないとはっきり分かるようにしておかないといけませんよ。間違えないように、でっかくね、「飲むな」って、ちゃんと書いてあるんですね。

プロとアマ

私は肩書きというか、名乗るときにプロ登山家と言っています。そのせいか、プロ登山家は、アマチュアと何が違うんですかってよく聞かれるんですよ。

プロがいるから、アマチュアがいるんです。

プロスポーツ選手がいるからこそ、プロ以外の人たちがアマチュアとしてスポーツが出来る。で、これはね、決して、アマチュアが良い悪いじゃないんですよ。スポーツというものは、アマチュアの人たちこそが押し上げていくもんなんです。アマチュアの人こそが押し広げていくからこそ、そのスポーツがドンドンドンドン高まっていくわけです。

一見するとプロの人たちがスポーツをなんか保ってる感じがしますけど、ま、それは、そういうところもあるかもしれませんけど、アマチュアの人たちがいっぱいいるスポーツこそ、凄く盛んになっていくんですね。互いに高め合ってるのかも知れませんね。

ところが、登山の場合は、サッカーや野球みたいにプロリーグがあるわけでもありませんし、トーナメントがあるわけでもありませんから、プロとアマチュアの差がないんです。残念ながら登山というのは、趣味とレジャーとしてのモノしか存在しないわけですね。

だけど、そこにプロが存在することで、登山がスポーツになっていける可能性があると、私は、思うわけです。

登山がスポーツになった時には、より精確な記録が求められていく。要するに、私の14座達成というのも、これは、記録ですね。

もし、その14座に別に登ってなくても、こっそり、「実は、こっそり登ってたんです」とかって言っても分かんないかもしれない。でも、そうではなく、やっぱし、登った記録というものを私たちは、求めているわけです。その記録というものは、スポーツだからこそ記録になるんだと思うので、私は、登山というものがスポーツになるように自分が「プロ登山家です」と名乗ったわけです。

世の中では、お金を稼いでいるとか、お金を稼いでいる量が多い少ないとかっていうのを問題にして、プロかプロじゃないかっていうふうに言うようなところもありますけども、私は、そういうことではなくて、私自身のプロというのは、「必ず、14座を登りきって見せます」とか「私は、登山の世界で生きて行くんです」「途中で止めません」ていう意味の覚悟を込めて「プロ」っていうふうに付けたわけです。そういう覚悟を持つということかも知れませんね。やってることは、プロとアマチュアで変わらないと思いますから、心構えの違いでしょうかね。

第2章　パートナー募集

12座登頂までのことは前作『初代　竹内洋岳に聞く』に記した。

13座目は2010年秋に挑戦することになっていた。

そこで竹内は、新たな提案をした。パートナーを募集し、一緒に13座目チョー・オユーに登ろうというのだ。

今までパートナーを組んでいたラルフ・ドゥイモビッツ（1961年5月12日ドイツ生まれ）やガリンダ・カールセンブラウナー（1970年12月13日、オーストリア生まれ）は、竹内が残していた2つの山、チョー・オユー（8201メートル）とダウラギリ（8167メートル）を既に登りきっていたからだ。

そして2010年2月にブログ上で募集を行ったのだ。

その経緯を竹内のブログから追いかけてみる。

パートナー募集！

2010年2月14日（日）

「パートナー募集!!」

今年の秋に、一緒にチョー・オユーを登る人を募集します！

誰か一緒に行きませんか？

登山内容は以下です。


8月20日ごろ、カトマンズ集合！

約50日くらい？　かな？

終わり次第、カトマンズ解散。（詳細はこれから）

ルートはチベットサイドのノーマルルートでオーソドックススタイル。（酸素、シェルパは使いません）
BC（ベースキャンプ）までは、どこかの公募隊とジョイントするかもしれませんが、BCのテントと行動などは別の、完全に独立したチームでの登山です。
募集人数は1名！

年齢、性別、経験……一切不問‼

（パスポートが取得出来る人）

申し込めるのは！

この登山がツアー登山でもガイド登山でもないことを理解できる人。

これまで私と一緒にヒマラヤで登山したことの無い人。

このブログを長らく見てくださっている方々は、もう分かると思いますが、私とラルフたちのように「連れて行くのでもなく、連れて行かれるのでもない」純粋なパートナーとして参加できる方を募集します。

一生に一度！　ヒマラヤに行ってみたい！　８０００メートル峰に登ってみたい！　チョー・オユーに登ってみたい！　ってな人は、別の公募隊を紹介しますので、こちらには、申し込まないでください。

それから、自分で行ける人は、自分で行ってね！　分かりますね？

もう一度、言いますぞ！

年齢、性別、経験……一切不問です‼

費用は、かなり、おおざっぱに70～80万円（為替にもよる）くらいかな⁇

ただし‼　これらの費用については、場合によっては貸してあげます！

なので、費用が工面できなそうにないから申し込めないや……とか思わないように‼　今、お金が足らないアナタ！　も申し込んでくださいよ！

（もちろん、タダにはならないよ）


費用にカトマンズまでの交通費は入ってません。カトマンズ集合、カトマンズ解散ですから、どこから来ても、どこに帰っても構いません。プライベートジェットで来ようが、歩いて来ようが、集合に遅れなければＯＫ！

集合前に、どっか登っていてもいいし、終わった後にどっかに継続しても構いません。

今のところ、この70～80万円はかなりおおざっぱなので、だいたいと思ってください。この費用は、チームの費用をワリカンにした金額ではありません！

チーム全体で必要な装備や費用は私が用意しますので、あなた個人の実費のみです。（費用の大まかな内容は文末をごらんください）

申し込み期間は約１ヶ月……頃合いを見て締め切ります。

来月の14ＰＲＯＪＥＣＴの日締め切り！　目安です。

申し込みの書類は、完全自由課題です！

えーっと……ファイルしやすいように紙の場合はＡ４にしてね……。

カッコいい！　自己ＰＲのパンフレットを作って送ってくれてもいいし、ＰＶのＤＶＤでもいいよぉ－－！

原稿用紙に「私とヒマラヤ」とかで、なにか書いても良いし、ツラツラ……と想いをお手紙に書いてくれてもいいですよ！

14ＰＲＯＪＥＣＴ事務局（ウェックトレック内）まで郵送で送ってください！

こちらからの連絡はメールでしますので、メールアドレスを間違いなく！　忘れず！　に書いてくださいね！

私の完全！　独断と偏見で候補者を絞ってご連絡いたします。

そして、お会いしましょう！

そして、そこから、さらに！　独断と偏見で決めさせていただきます！

（当初、予定しておりました「水着審査」は諸事情により無くなりました）

独断と偏見は良くないって？

人なんてもんは、独断と偏見で出来てるんですよ……５月までには決定します！

さあ！　あなたの知らない世界！　見たことのない眺めを見に行こうー！


注意‼

申し込んだ方以外からの質問は、一切‼　受け付けません‼

質問もへったくれもありません！「私と一緒に行くのか？」それだけです‼

どんな登山にしていこうか？　とか詳細は、会ってから一緒に決めていきましょう！

もちろん、分からないことは教えますし、相談にも乗りますよ！　私からも相談したいことあるし
……どしどし！　お申し込みください！

費用に含まれるもの。
カトマンズ集合からカトマンズ解散の50日間のうち、行き帰りの合計4晩分のカトマンズの宿泊費と朝食と夕食。（昼食と飲み物代は含まない）
カトマンズからBCへの往復の移動費と中国のビザ費用、途中の宿泊費、食費（飲み物は含まない）とBCでの食事、キッチンスタッフ費、BCの個人テント、ハイキャンプの食料の一部を含みます。
登山期間50日を自己判断で期間を延長する場合は、日割りで追加料金がかかります。（50日以前に登山を中止しても返金はありません）

費用に含まれないもの。
カトマンズまでの交通運賃、カトマンズまでの荷物等の輸送費、集合以前の宿泊費、食費、解散後の宿泊費、食費、チップなどのサービス料、ネパールのビザ、保険料、個人の登山装備、ベースキャンプ以上のテントや生活具等は含みません。（チームで使用する上部キャンプ用テントは14ＰＲＯＪＥＣＴで用意します）
レスキューが必要と判断された場合は、無条件でレスキューを受け入れることに承諾した上で、その費用は別途請求します。非常用の医療酸素ボンベはＢＣに用意してありますが、その酸素を使用した場合は費用を請求されます。
申し込み、選考手続きに伴う通信費、交通費等は各自ご負担ください。

（旅行じゃないし、出発までにも、出発してからも、いろいろと変更があるかもしれません。まあ、詳しいことは会ってからにしましょう！）

２０１０年3月28日（日）

パートナーの一般公募は締め切っております。最終の有効申込者数は11名です。

皆さん、お申し込みありがとうございます！

最年少は18歳、最年長は50歳弱くらいの人かな？　この人は……文章の様子からすると？　なに分、年齢も不問なので年齢を書いてない人もおります。

職業もいろいろな方が申し込んでくださいました。

今回、このように私の呼びかけに、悩み、考え、決断し、行動してくださった皆さんは、もはや、それだけで私の仲間です！

もし、今回が「メンバー募集！」なら、この11人の方全員と一緒にチームを作って登山をしたい!!

しかし……どうしても、パートナーとして募集するのは1名です！

現在、数名の方とお会いしました。

これから順次、全員の方にお会いするつもりです。

パートナー決定

2010年5月30日（日）

お申込みいただいた11名の方の中から、3名を第一次選考させていただきました。

3人の簡単な紹介をします。


3名は、それぞれ登山の経験が異なります。

3名は、それぞれお住まいの地域が異なります。

3名は、なにもかもが異なります。

共通しているのは、今回の公募に申し込んだことだけです。


この3人に竹内は「お互いに連絡を取り合って、山に行ってきてください！　どこでもいいです」と指示、彼らは、初対面で現地集合で「某残雪の山」に登山。登山のレポートを書いてもらった。そして1名が決まった。その人は阿蘇吉洋《あそよしひろ》さん。以下本文は本人達の会話文を除き、敬称を略させてもらう。以下は阿蘇の自己紹介文。


「阿蘇吉洋と申します！」

今回、竹内さんのパートナーに選ばれた阿蘇吉洋です。

宮城県在住の35歳独身です。

現在、仙台市内の某アウトドアショップでアルバイトをしています。

そんな私でも過去を遡《さかのぼ》ると、中学校や高校の非常勤講師をしていた時期がありました。そして、去年の2月までは某大手人材派遣会社の営業職をしていましたが、不況のあおりを受け、リストラされました。災い転じて福となすために、夢であったマッキンリー登山を決意しました。

2000年にアコンカグアを登頂していましたが、ブランクが心配になり、リストラされてすぐの2009年の3月からネパールで約1ヶ月間の高地トレーニング（トレッキング）を行い、そして20

09年の6月にマッキンリーに登頂しました。そこで私は決意しました、「より高く、より困難に挑戦する！」と。

竹内さんからパートナー決定の連絡をもらった時は、「とったどー！」とガッツポーズをしましたが……まだ、始まってもないじゃん……それに選ばれなかった方々やいろいろな事情で立候補できなかった方々のことを考えると浮かれてる場合じゃありません。

今回パートナー募集に立候補した理由は、自分が何者かを知りたいからです。無酸素で『神々の山嶺』に挑戦する資格があるかないかを、日本一の高所登山家と無酸素でチョー・オユーを登ることによって見出せるのではないかと思いました。竹内さんの登山スタイルを盗んでやる～（笑）私には果てしない野望があるんです！

チョー・オユー登山は仮免中パートナーだと思い、竹内さんを信頼しておもいっきりやらかしたいです！　薄い空気を噛み締めながら登山だけを楽しみたい気持ちでいっぱいです。登頂し、無事下山できれば、仮免は卒業できると思います。そうなりましたら、竹内さんと骨のある高峰をバリエーションルートでやれたらなぁと勝手に思ってます。竹内さんは、来年ダウラギリに行くんでしたっけ??

私がパートナーに決定するまでの道程をこれから不定期で連載します。

お楽しみに……しないでね（笑）

最後に、竹内洋岳にもの申す！　面談だけに飽き足らず、3名に絞ってからの選考登山では、よくも、いろいろと試してくれたなー!!　めちゃめちゃ楽しかったけど（笑）……覚えてろ〜〜〜!!!

ちなみに阿蘇が登ったマッキンリーはアラスカにある北米大陸の最高峰で標高6194メートル。アコンカグアは南米大陸の最高峰で標高6962メートル。

阿蘇のほかに写真家の中島ケンロウの同行が決まった。

13座目チョー・オユー登山に一般からパートナーを募集するだろうという考えは『初代　竹内洋岳に聞く』の最後に次のように記してある。それを実行したのだ。なぜ、14座達成を目前に見知らぬ人を選ぶのかは竹内の言葉で説明してもらおう。

なぜパートナーを募集したのか

私はヒマラヤの登山に触れる人が1人でも多く増えて欲しいと思っています。以前はそんな気はなかったですけど、やはり続けてくることで、こうやっていろいろな方に応援していただきましたし、自分がこれだけ恵まれて得たものをやはりどこかで次に渡していきたいと思うようになったんです。

ラルフたちは登山の面白さとか、喜びを、いかに人に伝えようかということにすごく努力をしています。そういう様子を見たり、彼と話す中で、私にもそういう思いが芽生えてきたんですね。行きたいけれども行く機会がないという人に、切っ掛けを与える役割はできるのではないかと。それは資金的な意味も含めてです。

若い人でヒマラヤに行きたいという人がいても、大学の山岳部とかに所属をしているならば、今の日本の慣例としてOBたちからカンパを受け取ったりとか、クラブからお金を助成してもらったりとかというふうにならざるを得ないのですよ。これは私の時と同じです。今も。OBなり組織なりからお金をもらってしまうと、そのしがらみから逃れるのがとても大変なことなわけです。

組織からもっと離れて、自分で登山ができるようにするなら、チャンスだけではなくて、資金的な土台というものを与えてあげなければならないんです。

私の考えは、私が連れて行くわけでもないし、その人が連れて行かれるわけでもなくて、純粋なパートナーとして一緒に山に登ることが前提です。

ベースキャンプでだめになろうが、C1（キャンプ1）、C2（キャンプ2）でだめになろうが、別に頂上に立てなくてもいいんです。そこに来て、そこで触れる。そこで経験してもらい、面白さを知ってもらいたいんです。

登れなかったら、また来年、自分で来ればいいんです。

どうやって来たらいいのかは、今回見て帰ればいい。次は公募隊に入ろうが、仲間同士で来ようが、自分でやりなさいと。

いろいろな方に聞かれるんですね。

「山の面白さって何ですか」「魅力って何ですか」って。

私たちみたいにこういう恵まれた、人よりちょっと半歩なり一歩なり先にいる者は、後にいる者、これからやろうとする人に、こういう面白さがあるんだよと教える役目があると思うようになったんです。そして、そこに行く切っ掛けをつくるのが役割だし使命だし、責任じゃないかと。

私は多くの人に助けてもらっているし、ラルフからもチャンスをもらって、人からも応援してもらっていて、人から支えられたり、チャンスをもらうことがどんなに大切かということをわかっているのに、それを自分でしないというのは傲慢だと思うんですよ。

自分が受けたものが大切だとわかっているんですから、それを別の人にも見せるというか、機会をつくるというのは、私の役割というか責任だと思うんですよね。

残るのは2つですが、順番はわからないです。（この文を述べた時点で）

もし、広くパートナーを募集するとしますと、経験不問、年齢不問、性別不問、国籍不問です。

これはパートナーとして募集するんであって、連れて行く、クライアントとして募集するわけではないということをちゃんと理解してくれる人じゃないと困るんですね。

もし、それに手を挙げてくる人がいて、同意できれば、次回はチョー・オユーがいいかなとは思ってます。

条件は、カトマンズで集合、解散です。

カトマンズまでの航空チケットは自分で用意してもらいます。お金があるならビジネスクラスでもいいし、なければ貨物室にでも乗ってこいって感じです。

集合から解散まではホテルはシャングリラを取ってあげるけど、その前後のお金が足りないんだったら、一泊10ドルの部屋で泊まっていてもいいと思いますよ。私たちもそうしてたんです。

集合後から解散までの費用を全額出してあげるということではなく、奨学金のような形で貸し出そうと思っています。タダでいけるほど、甘いもんではありませんから。でも、お金が準備できないことで申し込みが出来ないというようなことは避けたいんです。

そんなことですから、次回は、ベースのキッチンやスタッフも用意しなければなりませんから、私の費用はこれまでの3倍くらいはかかってしまうでしょうね。そのための費用を私は集めなければならないですね。

そんな余計なことせずに、さっさと14座を登れという意見もあるでしょうね。リスクが高くなりますからね。だけど、やってみたいんですよ。

きっと、すごく面白いし、楽しいと思うんです。これまで、一緒に登ったことのない人と、山の中で時間を過ごすってのは楽しいと思いますよ。ただ、現実的には、いろいろと準備が必要でしょうから、それをどうするのかというのはこれは時間をかけて考えなければいけないなと思いますけど。

いずれにしろ13座目への挑戦は、２０１０年の秋だと思うんです。

第3章　チョー・オユーへ

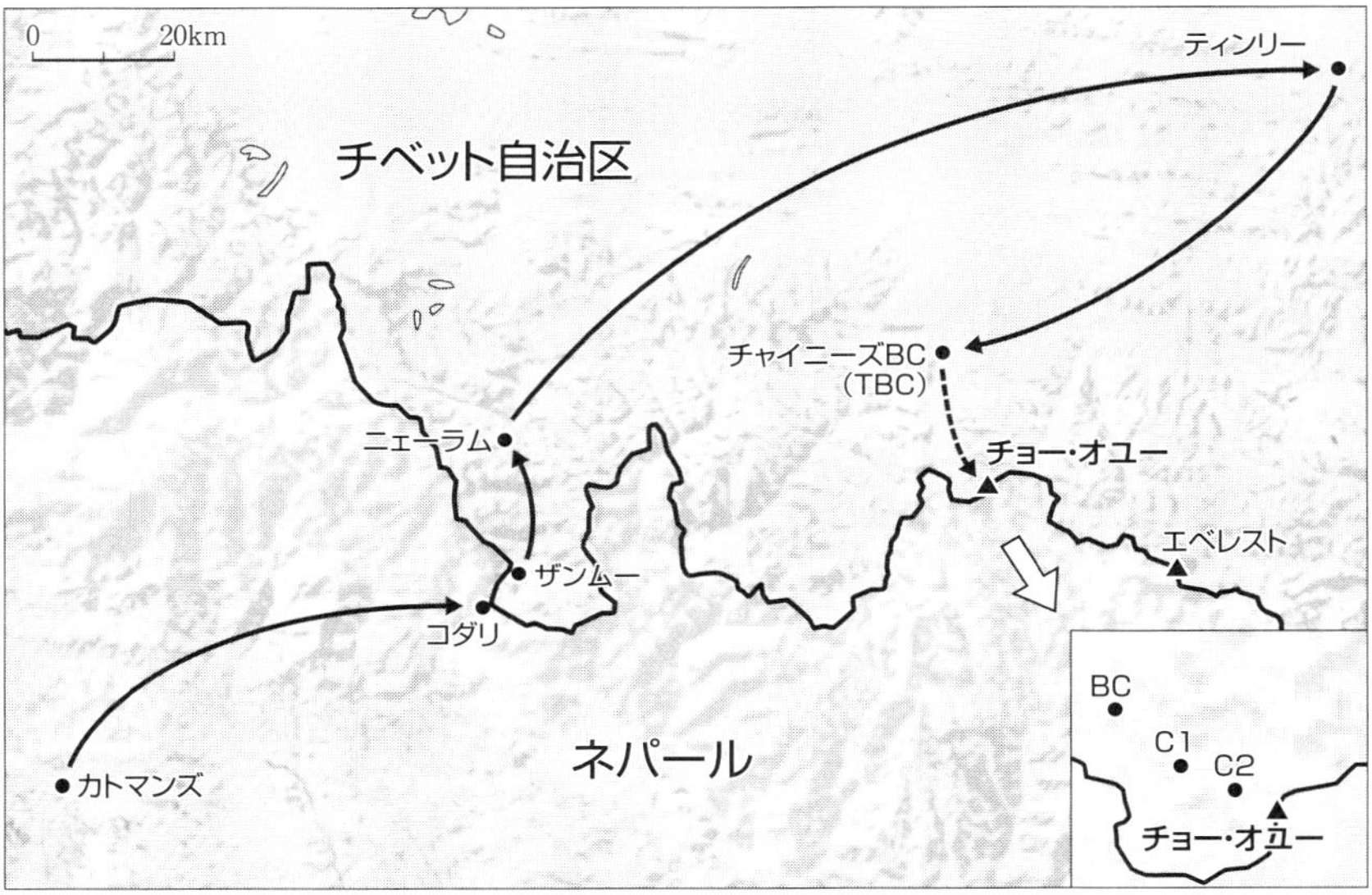
0
20km
ティンリー
チベット自治区
チャイニーズBC
（TBC）
ニェーラム
チョー・オユー
エベレスト
ザンムー
コダリ
BC
C1
C2
チョー・オユー
ネパール
カトマンズ

チョー・オユー 2010
8000m
C2 7125m
7000m
C1 6417m
6000m
BC 5700m
2010年9月
7 8 9 10 11 12 13 14 15 16 17 18 19 20 21 22 23 24 25 26 27 28 29 30
10月
1

竹内洋岳、阿蘇吉洋、中島ケンロウ（写真担当）のメンバーが2010年秋、チョー・オユー（8201メートル）に挑戦することになった。竹内はこの三人組を「トンチンカン」と呼んだ。奇妙な3人、初めての組み合わせ、互いがほとんど知らない者同士。何かが起きておかしくない。笑い話のようなことや、怒りたくなること、予定の登山に支障が出るようなことも起こるだろう。そうしたことを前提に、竹内はメンバーを組み、それを楽しもうとしていた。それが、トンチンカンの由来ではないだろうか。自分が初めて国際公募隊で体験したこと、あの時のどたばたが、自分を一歩押し出した、それを阿蘇や中島にも体験して欲しかったのでは。彼は阿蘇と中島を指名したが、自分はチームリーダーではないと宣言している。経験の違いはあるが、チョー・オユー登山においては三人は平等なパートナーであると。自分もトンチンカンの一員であると言いたかったのだろう。余計なお世話だが、トンチンカンは漢字で頓珍漢、間抜けなことをする不揃いな奴らというような意味である。

以下は竹内の日記風ブログと、それぞれへのインタビューから、登山の様子や、時々の気持ちを再現していく。

中島に関しては後の章でゆっくりインタビューするが、ここでは簡単に自己紹介してもらっておこう。彼は竹内の14PROJECTの事務所があるウェックトレックの社員である。

「今回カメラマンとして同行させていただきます中島ケンロウです。今年26歳です。所属はウェックトレックというトレッキングとか登山のツアー会社です。皆さんを山に連れて行ったりする仕事です。今まで登った最高の高さは、未踏峰の6887メートルの山です。関西学院大学の山岳部出身で、学生時代に3回ほど遠征に行って、2つ未踏峰に登ることが出来たんですけど、8000メートル峰も竹内さんとも初めての登山です」

13座目　チョー・オユーへ

2010年8月24日（火）

雨のカトマンズに到着!

雨が降ってるとは思わなかったな……もう、雨季は終わるころなんだけど。

2010年8月28日（土）

全員集合!

トンチンカンが揃いましたよ！

今回は、BCまでをアミカル（ラルフの会社）の公募隊にジョイントして、アレンジを依頼していますので、ドイツから荷物（主に食料）が送られてきました。リストに「Present to HIRO」って書いてあるんだけど……何が出てくるかな??

お菓子を少し買い出しして準備完了！

幾つかの会社がさまざまなヒマラヤ登山の公募隊を募集している。ヒマラヤ登山には入山許可の取得を含め、さまざまな手続きがある。そうしたことを代理で行って、ベースキャンプまでの移動や、食事やダイニングの厨房の人材の用意、そこでの食材、設定などを、公募隊にジョイントすることで、アレンジしてもらうことが出来る。今回の基本的な内容は、パートナー募集の際に述べられている（56〜61ページ）。

ネパールの首都カトマンズはヒマラヤ登山の拠点である。三人は揃い、準備は整った。

2010年8月29日（日）

本日は、恒例のMs.ホーリーさまにお越しいただきました。

ホーリーさんにお会いして、登山の計画をお話しすると「登山履行契約書」にサインしたような感じになりますね。

ホーリーさんはアメリカ人のエリザベス・ホーリーさん。元ロンドンタイムスの記者。エベレスト初登頂のエドモンド・ヒラリーを取材した方。そのままネパールに住み着いてネパールで行われる登山の情報を50年ほど網羅している。ヒマラヤ登山をずっと記録しづけている人。大事な登山に関しては目的や手段、コースなどを事前事後に取材に来る。

今回も彼女が自らホテルに来てくれた。何度も会っているがいつも竹内は緊張するという。これがすめば、出発である。

2010年8月30日（月）

雨の中、カトマンズを出発しました。

これから、ネパールのコダリから国境を越え、チベットに入ります。

コダリに向かう道が、雨で地盤が緩み寸断！　どこが道だったのか分からないくらい崩壊しています。

仕方なく、ここから歩いて向こう側に渡り、車を乗り換えてようやくコダリに到着。

このような道の崩壊は、このあたりでは頻繁に起こります。

本来なら、車で人も荷物も通り過ぎるだけですが、このように道が寸断されると、登山隊や旅行者の荷物だけでなく、中国とネパールを行き来する物資を、ポーターさんが背負って寸断された箇所を運んでくれます。

これは、現地の人たちにとっては、やったー！　って感じの臨時収入で、またとない稼ぎ時です！

われ先に荷物に群がり、奪うように荷物を運んでは、ダッシュして戻ってきて、次の荷物を待ち構えます。

今日は車に乗ってるだけだと思っていたので、歩く覚悟がないのに歩かされると、疲れるんだよね……。


国境を越えて中国チベットに入りザンムーに到着しました。

橋の上に国境線があり、歩いて越えます。

ザンムーは来るたびに街が大きくなっていきます。

以前はぬかるむ泥道を、おねえさんがハイヒールを泥にめり込ませながら歩いていましたが、いまでは完全に舗装されて夜の街にヒールの音が響きます。

2010年8月31日（火）

ニェーラム（3750メートル）に到着！

1995年のマカルーの時には、ここで何日も足止めを食らったし、2004年と2005年のシシャパンマ南西壁に通ったときに、このニェーラムから歩いてBCに入った思い出の街です。

道幅も広がり、すっかり街も変わってしまいました。なぜか、街はずれに「ピザショップ」なるお店ができていたので、ミックスピザを注文してみたら、見た目と厚さはピザらしからぬ姿ながら、味は結構おいしかったですよー!

2010年9月1日（水）

順応ハイキング!

ニェーラムには、高度順応のために1日滞在します。

雨がパラつく中、高度順応するためにシシャパンマ南西壁BCへ向かうルートの途中までハイキングしてきました。

天気が良ければ、いろいろな山が見えてくるのですが……真っ白です……。

このルートは人がほとんど入らないので、踏み跡が不明瞭ですが、静かで足の踏み場もないほどに、いろいろな花が咲いてます。

阿蘇さんは、ちょっとお疲れのようですな。片手ストックで「ご隠居」ペースです。標高4200メートルまで上げました。

2010年9月2日（木）

「ティンリー」とか「ティングリー」と呼ばれる街です。

漢字では「定日」と書きます。（標高4342m）

チョモランマ（エヴェレストのチベットサイド）BCやチョー・オユーBCに向かうには、ティンリーから分かれる道に入っていきます。なにも無い街なんですけど、BCへ向かう道のりで最後の街なので登山チームは必ず立ち寄ります。

2010年9月3日（金）

チャイニーズBCに到着しました。（標高4915メートル）。肝心のチョー・オユーは雲の中で姿が見えません。ここから歩いてBCに向かいます。

いろいろなBCが出てきますので解説しておきましょう！

現在、私たちがいるチャイニーズベースキャンプは、車の終点で人はここから歩き、荷物はヤクに乗せて運びます。以前は、TBC（トラック・ベースキャンプ）とも呼ばれていました。

過去の登山隊の記録では、ここをベースキャンプ（BC）としている隊もあります。さらに、多くの登山隊の記録では、ここから1日行程上がった5400メートルをBCとして、その上の5700メートルにABCを設けています。

ちょっと整理しましょう！　車の終点が「TBC」。現在のチャイニーズベースキャンプ（Chiniese BC）。登山の拠点となるのが「BC」。そして、「ABC」は Advance BC「前進キャンプ」と呼ばれています。

「BC」は登山と生活の拠点になるので、安全であるだけでなく、メンバーテントやダイニングテントやキッチンテントなどを張るための十分なスペースが必要なうえに、水の供給があることが前提になります。

本来は、このBCからルートに取りつくのですが、山によっては、BCからさらに氷河をつめて（登って）ルートに取りつくなど、BCからの距離がある場合もあります。

その際には、取りつきの近くに「ABC」を設けて、荷物をデポ（貯蔵）したり、ルートを伸ばしている期間はABCに簡易的に滞在して、BCまで戻る時間を節約したりします。

今回、私たちは、過去にBCと呼ばれていた5400メートル地点を通り過ぎ、以前にABCと呼ばれた5700メートルをBCにします。つまり、過去にABCと呼ばれた場所を私たちのBCとして、ABCは作りません。

チベットの登山では、車でアプローチすることが多いので車の終点として「TBC」という表記が使われてきましたが、この「TBC」は日本の登山隊で多く使われてきたようで、欧米ではチョー・オユーに限らず、車の終点を「チャイニーズBC」と呼んでいます。それは、車の終点ということだけでなく、中国の連絡官などが駐在しているキャンプという意味があるようです。

ヤクの手配と順応のため、数日、ここチャイニーズBCに滞在します。

現在地　標高　4915メートル

2010年9月7日（火）

吹雪の中、ついに！　ベースキャンプ予定地に到着しました！　これから土木工事をして、ベースキャンプを建設します！

標高は5700メートル。8000メートル峰の中では、かなり標高が高いベースキャンプです。

現在地　標高　5700メートル

今回の仕組み

今回はラルフにアレンジを依頼して、アミカル（ラルフの会社）の公募隊にジョイントしたので、ちょっと変則的になりました。

アミカルと交わした契約書上でカトマンズからチョー・オユーBCに一緒に向かったチームは3つ。

アミカルが募集した公募隊の11名。ガイドは女性国際ガイドのMs.ラグナでお客さんが10名なんだけど、お客さんに国際ガイドが3名も含まれているというハイレベルな公募隊でした。（ラグナ隊）

それから、楽しいオジさん、Mr.ホンカーさんをリーダーとした、「ホンカーさんとその仲間」的チームの8名。（ホンカー隊）

そして、私たち3名のチームがカトマンズからバス2台に分乗して出発しました。

ザンムーでネパールからチベットに入る際のグループビザの書類上では、ラグナ隊とホンカー隊の2チーム。私たちは、ホンカー隊のメンバーとしてグループビザのリストに名前が記載されていました。

そして、BCに着くと、3チームそれぞれに専用のダイニングテントがありますが、キッチンは2つ。

ラグナ隊には、ラグナ隊だけのキッチンにコックとキッチンボーイ。

ホンカー隊と私たちに、1つのキッチンとコックとキッチンボーイ。

つまり、私たちはダイニングは別ですが、キッチンをホンカー隊とシェアしたのです。

今回、私たちのコックを務めてくれたのは、2004年からラルフ、ガリンダ、私の登山で「専属コック」を務めてくれている、ご存じシッタラム。

お得意のシズラーステーキも登場！

しかし、毎回思うんだけど……このステーキ皿（今回、総数22枚）だけで相当な重さじゃないのかね？

今回、キッチンボーイとして「現地採用」されたのは、
タッシー（25歳）

ナンジン（20歳）

2人とも、過去に何回かシッタラムのキッチンボーイを務めたことがあるそうです。

タッシーは多少の経験があるようで「まなかい」を作ったり、料理も少し手伝ってました。ナンジンは、ひたすら、水汲み、洗い物、料理出しをしてました。

毎朝、ナンジンが笑顔で届けてくれると、モーニングティーの味も一段と増します。

高度順化

2010年9月8日（水）

いまや「HIKIKOMORI」は国際語だそうで。阿蘇さんと中島さん、テントにヒキコモって出てきません……。阿蘇さんはBCに入るのも、かなり辛そうでした。本日は「まだ生きている状態」。中島さんはBCに入ったときは元気だったものの、一夜明けましたら、本日は「ほぼ生きていない状態」。食事に呼んでも……、あからさまに、テントのそばでダイニングテントを建てるために整地をガリガリ！としてみても……無視？

笛吹けど踊らず……。

なんとか、ダイニングテントが建って、BCが出来上がりました。やれやれ……。

2010年9月9日（木）

ネパール、チベット登山で恒例のプジャが執り行われました。

登山の成功と安全を祈願する恒例行事ですが、お菓子やビールやらが振る舞われる「お祭り」ですから、キッチンのスタッフや、他のチームのシェルパも、なんだかソワソワしております。

不思議なことに、天気の悪い日でもプジャの最中は、一度なり山が姿を見せるんですよ。天気が悪くて、チョー・オユーが見えたり、見えなかったりでしたが、プジャの最中はきれいに頂上まで姿を見せました。

プジャの終わりには、ツァンパ（ハダカオオムギの粉、チベットの伝統食）を顔と右肩に塗って、登山の安全を願います。

（右の肩が神聖とされるので、ゴンパ【お寺】に参るときも右肩をゴンパに向けるよう時計回りにお参りします。日本の僧侶の袈裟も左肩から下がっていて右肩が出ています。）

阿蘇さんと中島さんも元気にプジャに参加いたしましたよ！

2010年9月10日（金）

阿蘇さん調子はどう？

「大丈夫です！」

どこか痛いところある？

「大丈夫です！」

なにか食べる？

「大丈夫です！」

ようやく、この阿蘇さんの「大丈夫です！」が「放っておいてください！」「構わないでください！」

という意味であることが分かってきましたよ！

今回のベースキャンプは標高５７００メートル。かなり高いところにある。阿蘇、中島は高度に順応できず、竹内の報告どおりかなり苦しんでいた。この高度が初めてではない二人だが、高度順化は常に一から始めるしかないのだ。

高度順化が出来ずにもだえていた阿蘇と中島に話を聞いた。

中島　学生時代もやっぱり順化が遅かったですね。とりわけ僕は弱かったですね。いつも倒れては、それから順化して、登頂したという感じでした。やはり一番最初に倒れるのは僕でしたね。そのあとは調子良くなって、普通に先頭でルートを延ばしていったりもしてたんで。最初やっぱり５０００メートルくらい……５０００メートル台でまずはバタンと来るんですよね。まあそれをわかっているので。今回もわかってたつもりなんですが、はあ、なんか。今回の５７００メートルのベースキャンプ、楽しかったです。ちょっとはしゃいでしまって、それが、翌日にきて、まったく動けなくって。５７００メートルくらいは行ったことあったんで、意外と行けるんやなって、初日は本当によく食べて、よく寝てたんですけど、翌日からまったく起きられなくなって。頭が痛いし吐き気でまあ何回かもどしたりして。

高度順化はすぐにってわけではなかったんです。二日くらいはちょっと寝込んだりして。

新しい高度に行くたびに、いつもちょっと具合が悪くなったりするんです。でも、順化は早いほうだったので。いつも、悪くなって、すぐ順化してという感じなので、今回もそうだと思っていましたが、辛かったですね。

阿蘇　5700メートルのベースキャンプでは辛かったです。身体がやっぱり自分が思うように動かないですね。もうちょっと低い高度であれば意外と動いていたのに、5700メートルですと、なかなか自分が思うように身体が動かなくて。まあトイレが1００メートル、150メートル先にあるんですけれども、そのトイレに行くのもすごい重労働だった記憶があります。それは、5700メートルという高さに慣れていないからですね。ネパールとかであれば、トレッキングしながら徐々に順化できたのかもしれないんですけれども、チベット側ですと車で4900メートルとか5000メートルに直接入っていくんで、なかなか順化ができなくて。まあそういった順化の仕方をしたことがなかったんで、すごく戸惑いましたね。

最後の最後ではまあ、遅いながらも体調は良く、体調だけに関して言えば中島さんより多分良かったと思います。ただまあちょっと、自分の意思と身体がまったく違って、アクセルを踏んでも進まない状態でしたね。

彼ら（竹内、中島）はもうはっきり言うと、オリンピッククラスの人たちなんですよ。野球にたとえると僕は草野球みたいな経験しかなくて、もう何でしょう、実力差、体力差は最初から、もう歩き出した時点で、「絶対こいつらについて行けない」みたいな感じでした。とりあえず、ゆっくりでもいいんで、体調を崩さず、なんとかついて行こうかなという感じで、心がけてはいました。

現地に着いてからは、気持ちだけは、ある程度順化さえ出来れば、登って降りてくるくらいはギリギリできるかなとは思ってはいました。でも、身体がついてこない部分があるとは感じてたですね。もう自分の身体じゃなかったです。

その後のトンチンカン隊の様子を竹内のブログからみていこう。

2010年9月11日(土)

阿蘇さんの外見が変わりました。どんな不祥事があったのか?

なにを反省したのか?

なにを挑発してるのか?

「一番、最初にヤラれちゃう悪者」って感じになりました。そうそう! 登場したとたん、名乗る前にヒーローにヤラれちゃうって感じですね!

「バーバー中島」の力作です!

突然に阿蘇がBCで頭をモヒカン刈りにしたのだ。トンチンカン隊の名前通り、面白いことが起き始めたらしい。その理由を阿蘇はこう言っている。

「あのとき、ベースキャンプで頭をモヒカン刈りにしたのは、髪を切りたかったというのはすごくあって。髪切るにしても、ちょっと日本じゃできない髪型をしてみようというところで。『北斗の拳』の影響かなんかで。俺弱っちかったから、なんか弱いキャラを作ろうかなと思って、モヒカンにして、『北斗の拳』で言うとすぐやられちゃうキャラに変身しようかなと思って、モヒカンにしました。そうすることで、取りあえず自分を守らなきゃいけないので。まあ、モヒカンにしたのは本当にすっげー悲しかったんですけど。

モヒカンにならざるを得ない自分がね。もう追い込まれちゃったんですね、はい。あれは、まあ寒かったですね。まあ、ただ帽子かぶってたんで、取りあえず大丈夫でした。

モヒカンは中島君がやってくれたんです。バリカンは竹内さんがひげそり用に、持ってきてて。それで」

C1へ

いよいよ本格的な高度順化のための準備が始まる。まずは6417メートルのC1（キャンプ

1）に登り、テントを設営して1泊してくることに。700メートルの標高差である。

2010年9月13日（月）

――日本時間午後1時56分の連絡――

ただいま、チョー・オユーのキャンプ1に到着しました。標高は6417メートルです。

今朝は暗いうちにBCを出て涼しいうちにここに到着しようと思ったんですけど、今は……（音声が少し途切れる）すっごい暑いです。

中島さんは先ほどキャンプ1に到着しましたが、阿蘇さんはもうちょっと時間がかかりそうです。ただ2人ともBCを出たときには非常に体調もよく、このC1に順調に入ってこられると思います。

6417メートルの標高で一晩寝なければいけないんですが、初めて上がってきて、初めての滞在になりますので、私含めて、中島さん、阿蘇さん、どんな夜になるのか明日聞いてみるのが楽しみになっています。

ではBCに降りれば、そのときの様子をまたブログにアップしようと思います！

現在地　標高　6417メートル

一般的には、BCからC1へ何回か往復してからC1ステイに入るのですが、私の登山を長らく観察されている皆さんは、すでにご存じかと思いますが、私たちは、最初のUPでC1へのステイに入ります。

今回はC1で1泊の予定なので、食料は1日分ですが、テントや寝袋等の個人装備などのフル装備を一発で担ぎ上げます。

団体装備を阿蘇さんが3等分しましたが……「ボクは、きっとC1に着くのが一番最後になると思うのでテントやシャベルや炊事具とかの重要な装備は、竹内さんと中島さんで持って行ってくださいね！」と自信タップリ、冷静且つ沈着なごもっともなご提案通り……BCを出発して、すぐに阿蘇さんは、はるか後方に見えなくなってしまいました……。BCからモレーンのガラ場（氷河が運んだ岩石のたまったところ）を登ったり下ったりしながら進み、最後にはガラ場の急登を無理やり登るとC1に飛び出します。それまでのガラ場が、小さな尾根を越えると突然、雪の上になります。

テントが建って、水を作って、一服しても、一向に姿も気配もない阿蘇さん……。

私たちより、遅くに出発したであろう、他のチームメンバーは続々とC1に上がってくるのに……途中であきらめて帰っちゃったか？　と思いましたが……日も傾こうかという頃に……なんとか到着……そこまで、時間がかかりながらも、あきらめずに来たことは、よく頑張りましたが……このスピードでは……威勢のいいのは髪型だけにならないよう頑張ってほしいとこです。

次回に期待しましょう。

ちなみに、阿蘇さん「ヨッシー」と呼ばれております。頑張れ！　ヨッシー！


どうしても遅れがちな阿蘇の言い分はこうだ。

「ベースキャンプからC1に入るのは、もうみんなの3倍くらい遅かったんです。まあ、実際ベースキャンプからC1ってめちゃめちゃ遠いんですよ。遠かった。だから、今まで登ってきた山と比べると、そのキャンプ間が2倍から3倍です。いやあ、現地に着いてからは、初っぱなから厳しかったという気はしますね。

凄く辛かったです。だからといって戻るというのもすごい大変なんです。だから、とりあえず上に行ったほうが良いのかなっていう。選択の余地がなかったですね」

その時のことを竹内はこう振り返っている。

「ベースキャンプからC1まで、私と中島さんで3時間か3時間半とか。そこを最初に来たときに、3倍だから……10時間くらいかかって来たんです。それで、私と中島さんがテント建てて茶飲んで、待ってたんですけど、まあせめて倍くらいの6時間くらいで来るだろうと思ってたけど、来ないから、もう諦めて、途中で帰っちゃったと思ったんです。

だけど、10時間後にちゃんと来るんですよね。のろのろとはしながらも。で、「あー、なかなか根性あるな」とは思ったんです。ところが、後々考えてみると、戻るのも嫌だなと思って来ちゃったみたいなところもあったかもしれないよね。だから、根性があるんじゃなくて、すごい我慢強いんだっていうのを、まあ気がついたわけですよ」

それでも竹内は阿蘇を否定しているわけではない。

「阿蘇さんは、山岳マラソンなんかも出たりして、ゴールするだけじゃなくて、いかに速く走るかっていうこともちゃんと理解してる人なんですよ。ところが、その彼をもってしても、スピードが全然出てこないわけです。それは、私たちについてこられないどころじゃなくて、ベースキャンプに来てる、もう阿蘇さんより何十歳も上のおじいちゃんおばあちゃんにもついていけないわけですよ」

そんな状況だったが、阿蘇は一歩一歩でも竹内の後を追っていた。竹内がパートナーを募集した最大の理由は、体験してもらうこと、知ってもらうこと、楽しんでもらうことだったのだから、これでいい。それに互いが初めて一緒に行動する相手。行動の中で互いを理解し、困難の中で被っていた仮面を脱ぎ捨てていく。そうせざるをえないのが超高所登山なのだろう。

C1の夜

2010年9月14日(火)
C1の夜

3人が頭と足を互い違いにして、ピッタリ！　サイズのテントでの一夜が始まりました。実は、この3人がテントで一緒に寝るのは、これが初めて。

6400メートルの初高度に上がって、いきなり狭いテントで寝なければならないのは、かなりのストレスです。

ヌードルスープの袋が、パンパカパン！になっていて、いまにも破裂しそうです。私たちの体も頭も破裂しそうになっているのかも？

頭が痛くなるのか？

気持ちが悪くなるのか？

絡むのか？

暴れるのか？

さあ、どんな「寝ぐせ」が観察されるでしょか？

そう、簡単には眠れないと思いますが……と……思いきや……食事が終わったとたんに、私が、もう眠くて眠くて……お先に失礼……。

私は意識を失うように眠りに落ちて、その後2名が何していたのか？　どうなったのか？　は、観察不行き届き……まあ、おおかた私の悪口でも言っていたのでしょう。

「次は、マジック持ってきて顔に落書きでもしようぜ！」とか。

もちろん、初高度でぐっすり眠れることは期待していません。

はっ！　と目が覚めて、時計を見ると数時間が経過しています。

私の顔の隣には、阿蘇さんの足部分、その先には中島さんの顔部分があります。

しばらく、様子をうかがっておりましたが、どうやらゴソゴソ……と動きがあるので「二人とも起きてる?」と声をかけると、

「起きてます‼」と元気な返事が！　眠れてないのかもしれませんが、まあ、それが普通です。

ジェットボイルに火を点けて、3人で「夜更けのお茶会」を開催。

テントの内側には、吐息が凍って氷が不思議な模様を浮かび上がらせていますが、狭いテントに3人がギュウギュウしているので、快適な温かさです。

お茶を飲んで体が温まると、再び眠気に襲われ寝袋に潜り込む……そして、

「深夜のお茶会」

「明け方のお茶会」

と数回のお茶会を開いて、朝がやってきました。

寝たり起きたりでしたが、結局、ずーっと水分を摂りつづけることができたので阿蘇さんと中島さんの体にとっては良かったようです。

みんな、頭痛や吐き気などなく、暴れることもなく一晩を過ごすことができました。

さあ、これからBCに下って、遅めの朝食か、早めの昼食にありつきましょう！

テントの幅は150センチメートル。一人の幅は50センチという狭さ。竹内が今回の登山用に発注したテントである。C1の夜を三人は次のように話している。互いが自分の様子や体調を気にしながら、パートナーのことを観察しているのがよくわかる。

阿蘇　初めてのC1の高さでも一応寝れました。まあ、ただずっと熟睡できるかっていう感じではないんですけれども、まあ3時間くらい寝て目が覚めて、ちょっとおしっこしたくなったんで、して、また寝て、また3時間くらい経ったらまた、っていう感じで、そういうサイクルでした。竹内さんはモンスターです。怪物です。行く前はね、怪物に勝ってやるって言ってたんですが、平地でいろいろ技を掛けたりとかするんだったら、まあ何とか退治できたのかなって思いますけど。無理でした。とても。

竹内　順化の程度は中島さんと阿蘇さんならば、阿蘇さんのほうが上だったと思います。中島さんはね、ちょっと順化に手間がかかるタイプでしたね。

これはね、やっぱりもう人それぞれなんで、わからないですね。だから、中島さんのほうが、吐いたり、頭が痛いとかで結構苦しんでました。ただ、阿蘇さんのほうが、体のポテンシャルというか性能が発揮されるまでに時間がかかってスピードが出なかったよね。それは自分の体をそういう体だと理解して、自分の山登り用に使うしかないですね。
　2人ともたいてい同じように調子悪くなるんですけど、中島さんは具合悪くなるとぶっ倒れるんですよ。で、うんうんうなってるんですよ。で、阿蘇さんは具合悪くなると、なんか偉そうになるんですよ。「俺は具合悪いんだ、文句あんのか」みたいな感じで、動かなくなるんですよね。中島さんは明らかに、このままほっとくと死んじゃうんじゃないかみたいな感じになる。

中島　竹内さんは、ちょっと喉が痛くなる程度で。それ以外はたいして。倒れた記憶がないですね。やっぱり、高所に適した体になってるのかなって思いますけどね。
　山の上で不調を訴えることに不安ですか？　ちょっとはプレッシャーがありますね。もちろんカメラマンとして行ってるので。カメラ回せなくなると問題なので、そういうプレッシャーはありました。でも、幸いに、行動中は別に問題ないんです。まあ、阿蘇さんが遠く後ろにいるんで、なんかそういった意味では、まあまだ大丈夫かなっていう感じで。なんとか竹内さんについて行けば大丈夫かなという感じであったので。夜だけ倒れて吐いたりしてて。まあ翌朝は元気になったりするんで。だから仕事としてはこなしていけそうだと。何とかこのペースで……。

2010年9月16日（木）

BCに居ます。C1から下りてきてから、ずーっと天気が悪い。

C1での暑さが、懐かしくなるように、BCでは一日中雪が降り、時にはトイレに行くのが危険なほどの吹雪に……洗濯物が乾かず、ダイニングテントの中は、こんな有様。お2人が言うには「（一応）竹内さんに気を遣って、自分たちが座る側にロープを張って干しました！（文句ないでしょ！）」と申しますが……二人のパンツと靴下を眺めながら食事しております……ああ……むさ苦しい……。

C2

2010年9月19日（日）

キャンプ2にいます。

――日本時間9月19日午後10時17分の連絡――

もしもし竹内です。タシデレ（チベット語のあいさつ。「こんにちは」）。現在、標高7125メートルのキャンプ2（C2）にいます。こちらはすっかり日が暮れまして、非常に狭い、3人がぴったり収まるテントの中で現在、中島さんと阿蘇さんと私でディナーをとっています。

本日のディナーは、ドイツのヌードルスープと、お茶とクリームプリン、これもドイツ製のインスタントなんですけど、なかなかおいしいデザートがあります。

標高7125メートルは何もしなくても、かなり呼吸が「ゼーハーゼーハー」してしまいます。私もちょっと頭の奥のほうが痛い感じもします。

これから3人でできるだけたくさん水分をとって、高度障害にならないようにします。

18日にBCを出てC1に入り、C1からは前回同様一発でこのC2に入ってきています。

C2では高度順応のために2晩滞在する予定にしています。おそらく……。ただではすまないと思います。頭が痛くなる、気持ちが悪くなる、暴れるとか何かあるんじゃないかと思いますが、この2日間で高度順応しまして、次に上がってくるときはサミットプッシュしたいと思っています。

またBCに降りたときにC2での2晩の様子をブログに報告したいと思います。では、よろしくお願いします。失礼します。

現在位置　標高　7125メートル

竹内の登山は短期間で高度順化するために、C1に上がって泊まり、BCに戻って休養し、次にC1、C2と上がって、そこで2日ステイする。起きている間は呼吸を速めたり、調節できるが眠ってしまえば、自発的な呼吸に頼るしかない。そうやって竹内は高度順化をしてきた。中島は「C2での2日間は僕の場合はまた、一晩はうんうんうなってましたね。でも2日目の晩は比較的寝られまして、それでまあ順化できた感じはありましたね」と言う。

彼にとっては初めての高度でのステイだった。自分でも高度に体が慣れてきたのを自覚している。

Ｃ１からＣ２へも阿蘇はスピードが出なかった。かなり遅くなってからＣ２に入った。竹内の登山では遅い人を待つという考えはない。彼の考えはこうだ。

「私たち待ってないんですよ。私も中島さんのこと待つわけじゃないし、中島さんも、阿蘇さんも私のこと待つわけでもないんですよ。勝手に行くんです。まあ、今回は中島さんが先に行きましたね。阿蘇さんは、自分は遅いですから、重要なものは持ちませんって。だからテントとか、最初に使うクッカー（調理用ストーブ）とかは、私と中島さんで持って、食料とか、あとから届いても良いようなものは阿蘇さんが持ったんです。一応ちゃんと来ると信頼はしてました。いつかは来るだろうって。でも、一回間違えて、ガスセットが阿蘇さんの中に入ってて。途中で駄目になったら、後ろから来た登山者に渡すとかしてくれないかと思いましたが、そこまで頭回んないよね、とかそんな話してたけど、ちゃんと来ましたよ」

竹内はよく言う。「登山では遅い人や弱い人に合わせていたのでは全員頂上に立てなくなります。力のある者が先にルートを作って登っていく。力を出し惜しみしたり、後のことを考えてなんていってたら誰も登れないですよ。自分の力で登っていくしかないですから」

危険やレスキューが必要な事態が生じれば別だが、彼らの登山ではチームは間違いなく、個人の登山者の集まりなのだ。それを竹内は外国の公募隊で学んできた。

2010年9月21日（火）

C2での2泊を終え、BCに下りてきました。

まあ、みんな、それぞれ、頭が痛いとか……頭が悪いとか……いろいろとありましたが、概《おおむ》ね、元気に乗り切りました。2人とも、なんだか「使用感」が出てきましたね。中島さんは、これまで私のことを後ろからしか撮影できなかったのが、今回は、前から撮影してましたぞ！

阿蘇さんは、「周回遅れ」（？）にはならなかったようですよー！

考えてみてれば、7000メートル台の頂上に登頂するどころか、その頂上に泊まるのと同じことですから、いままで、7000メートルを越えたことがない二人にとっては、かなり厳しい内容だったかと思います。

しかも、テントの幅は150センチですから、一人の領地は幅50センチ。

テントの真ん中に吊るされたジェットボイルを囲んで、丸2日間を過ごしました。

よく頑張りました！

次に、上がるときはサミットプッシュ！　です!!

2010年9月25日（土）

本日、ご存じ、スーパーウェザーエキスパート猪熊さんから「モンスーン明け」が宣言されました。

しかし……明けるのが遅すぎる……。

明らかに昨日とは空の様子が違います。

朝方の気温も下がって、テント内には霜が付いていました。

天気は良くなりましたが、頂上は強い風が吹いています。これまで降った雪の状態や風の状態などを観ながら、もう少しBCで待つようになりそうです。


竹内のヒマラヤ登山を支えているキーマンの一人が気象予報士の猪熊隆之さん。1970年生まれ。自らもエベレスト登頂などの経歴をもつ。2011年に山岳気象専門会社「ヤマテン」を設立。竹内は猪熊さんの予報に全幅の信頼をおいている。

サミットプッシュとリタイア

2010年9月28日（火）

――日本時間9月28日午後6時14分の連絡――

もしもし、タシデレ！　竹内です。サミットプッシュに入りました。現在キャンプ1（C1）に上がってきています。

実はですね、続々と他の登山チームが下山を始めています。その理由は、みんな登頂して下山しているわけではありません。ほとんどが登山を中止して、終了して、テントを撤収して続々とベースキャンプ（BC）に戻っています。

ここずっと天気が悪くて、上部で大量の積雪があったようです。

すでにルート上で数回大きな雪崩が出ていて、C2以上のルートで数名けが人が出てレスキューが行われています。そういう状況がありました、各国の後方隊を含め登山隊は「今年はもう登れないだろう」と判断して、現在続々と撤収しています。

現在、私たちがいるC1も撤収されようとしているテント、しようとしているテント、人がみんな帰ってしまって、ちょっとしたゴーストタウンのような状況になっています。

その中で、頂上へ向かってサミットプッシュを出そうとしているのは私たちを含め数チームどころか、数名という状態になっております。

今後天気は風が強くなるという予想が出ていて、私たちが登れるチャンスはこの1回のみになるんじゃないかと思います。

ただ、すでに雪崩の事故がおきていて私たちが登れる可能性もそう高くないと思いますが、上から降りてくる知り合いは「危ないから止めろ、止めろ」と言ってはくれるんですけれど、彼らの話を聞いて判断するのではなくて、私自身の目で見て登れるか登れないかを判断し、頂上に向かうか、登山を中止するかは、明日、それ以降に決めたいと思っています。

その決断は、その瞬間瞬間にしないといけないと思うんですが、できるだけ近づいて自分の目で感じて、判断したいと思います。

明日はまずはC2に入って、その先どうするかまた考えたいと思います。

C2に入りましたら、また連絡したいと思います。

なんとか状況がよくなって、登頂に結び付けたいと思います。

2010年9月29日（水）

――日本時間9月29日午後8時45分の連絡――


タシデレ！　竹内です。現在、サミットプッシュに入り、C2に上がってきております。C2のテントの中で、私、阿蘇さん、中島さんで晩ご飯を食べております。

現在、上部のルートが延びてないということと、明日以降の天気があまり良くないことで、ほとんどのチームが登山を終了して、ベースキャンプに下ってしまっております。私たちのチームがいつのまにやら登山の先頭にいる状態です。

明日以降のことなんですが、ご存じ猪熊さんからの天気予報では明日が唯一、登頂のチャンスがあるであろうと。それ以降になってしまうと、どんどん寒くなって、風も強くなってしまうという予報をいただいております。

明日が最後の天気的チャンスということなので、本来はキャンプ2からキャンプ3を出してサミットプッシュに入る予定だったんですが、このキャンプ2から直接、頂上に向かってプッシュを出したいと思います。

そういう風に天気的、登山の内容的な条件が、どんどんいま厳しくなってきてしまっております。残念ながら今のサミットプッシュプランには、阿蘇さんのスピードでは追いつかない、間に合わないと私の方で判断しました。今回に関しては阿蘇さんには、このC2で私たちが帰ってくるのを待っていてもらおうと、彼と話をしました。

今晩の夜中12時から1時（日本時間3時15分から4時15分）ぐらいにかけてこのキャンプを出てプッシュを始めたいと思います。ただその時点で、また天気や状況を見極めて、出発するしないを決めたいと思います。では、頂上から何とか登頂のお知らせができるようがんばりたいと思います。

現在位置　標高　7125メートル

ここで初めて竹内はパートナーの登山に介入した。それまではスピードが遅くても、順化が進まなくても、それぞれが対応し、登山を続けるパートナーとして付き合ってきた。それが彼が決めた今回の登山のルールだったし、外国隊で訓練されてきた個人主義の登山のあり方だったからだ。

だが、この時点で阿蘇を残して、中島と二人でサミットプッシュに出ると阿蘇に告げたのだ。この時点でのC2の状況や、他の隊の様子を竹内に聞いてある。

「その当時、C2には他の登山隊も結構いましたね。9月の時点で、ベースキャンプが40隊くらい、その半分くらいはC2まで行ったのかな。中にはC1にも行かずに帰っちゃったところもいっぱいありましたね。天気が悪かったからね。

私たちの予報では、1回はチャレンジできると。私たちがサミットプッシュした日は、朝ちょっと風が出るけれども、まあ何とかいけるでしょうという予報が来てましたね。だからその日だけ。まあワンチャンスでしたね。

C2まではみんな上がってたんですけど、C2より上に少しは上がってた他のチームはどんどんどんどん撤収して降りている状態でしたね。それは、ルートができてないっていうのはありましたし、1日だけでは普通の、行動パターンではちょっと登れないと思います。それで、私たちはC2からサミットプッシュ出すことにしました。それくらい無理しないと、その1日に合わせられないっていうのはありました」

本来ならC3を設け、そこからサミットプッシュを出すはずなのに、7125メートルから直接頂上の8201メートルに行って帰ってこようというのだ。標高差1000メートル以上。しかも、C2までのルートはできていたが、そこから先はほんの少しだけ。そこからは、自分たちでルートを作っていかねばならなかった。

「私と中島さんならばロープはいらないんだけども、阿蘇さんも一緒ならばやっぱし必要だと思ったんです。それは上りだけじゃなくて下りのとこで。特に、帰ってくるときは疲れてますから、そこではロープがないと駄目かな。ロープがあるところなら阿蘇さんには十分登頂のチャンスはあったかなとは思うんですけどね」

竹内はこれまでの行動で、中島、阿蘇を観察し、こう見ていたのだ。

さらに、阿蘇にここで待ってくれと言ったときの様子を詳しく聞いた。

「私は単純に、足し算引き算だけで、阿蘇さんのスピードと、今のルートのコンディションでは、頂上に到達しても、帰って来れないって判断したわけです。ですから、私はあの時点で、行くか行かないかって阿蘇さんには聞いてないんです。私から阿蘇さんに、一方的に、ここで待っててくれと言ったんです。阿蘇さんのスピードは以前よりは上がってきていました。ルートが良ければ、まだ可能性はあると思っていたんですけども、ルートができていない。しかも、本来だったら一つ上のC3から、私たちはサミットプッシュを出す予定だったんですけど、ルートができてない上に、天気がもたないということがあって、C2からサミットプッシュを出す。本来だったら2日かけて行くところを1日で行って帰って来なきゃいけないわけです。

もしくは4日かかるところを1日で行って帰って来なきゃいけない。そうなったときに、阿蘇さんのスピードでは到達できないだろうと。C1からC2に入ってくるのに、私と中島さんのほぼ倍の時間かかってる。そうすると、私たちがC2から頂上行って帰ってくるのにだいたい15、16時間見てたんで、おそらく倍以上になると思うんですが、三十何時間歩かなきゃならない。それは、どう考えても、生きて帰って来れない時間なんですね。それを阿蘇さんに「やってみたら？」というような、無責任なことは私は言えない。

それが私の、唯一の、今回の登山の中におけるリーダーとしての判断でした。ほかはもうすべて、遅かろうが何だろうが、もう阿蘇さんに任せると言って、まあ来ても来なくてもね、それを責めるわけでも……まあ、来なきゃ怒りますけども、それは自分で判断してくれと思ってたんですけども、頂上に行くか行かないかっていう判断だけは、私が一人で決めさせてもらったんです」

阿蘇はその時の気持ちを正直に言っている。

「やっぱり、サミットプッシュするために、自分なりには頑張ってきたんで、それができないっていうことに関しては、すごい悲しいことでした。ただ、竹内さんの言うとおり、足し算引き算とかすれば、やっぱり間に合わないのかなと。登れても、生きて帰って来れないという時間になっちゃうんで、致し方ないことだなあと思ってました。ベースからC1、C2とサミットプッシュするために登ってきたんですけれども、上にいる隊が下りてきちゃってるんですよ。それで、なんで俺たち逆に登っちゃうんやろという不安感。みんな登らないんだから、もしかすると登れないかもという気持ちは、心の片隅にはあったんで。竹内さんにそう言っていただいて、悔しいし悲しいんですけれども、ちょっと安心した気持ちもありました」

この時、あるニュースが入っていた。そのことが、この時の決断に影響していたとは思わないが、ここに記しておく。竹内の話だ。

「ラストキャンプで、最後の気象予報を聞いてたときに、私が1995年に一緒にマカルーに行ったメンバーの田辺治さんが、ダウラギリで、亡くなったというニュースを聞いてるんですね。田辺さんは非常に慎重な方だったんです。私も田辺さんからいろんなことを教えてもらいましたけども、彼が雪崩で死ぬということは、ちょっと私にとっては信じられなくてですね。「あの田辺さんがなぜ」という思いが強かったですね」

雪崩にあったのは9月28日、他に2人の日本人が行方不明になっている。大げさにするつもりはないが、今回チョー・オユーに登り切れば、ダウラギリは竹内が14座目に挑戦する山であった。竹内と中島は阿蘇を残して、C2を出発した。

断念

2010年9月30日(木)

——日本時間9月30日午前4時10分の連絡——

タシデレ! 竹内です。現在こちらはネパール時間、夜中の1時です。これから私と中島さんで頂上に向かいたいと思います。ただ、天気、ルートの状況、非常に厳しい条件となっておりますので、無理するつもりはございません。

できるだけ、行ける所まで行きたいと思っております。また頂上に立てましたら、頂上から電話をしたいと思います。では、行ってきます。


——日本時間9月30日午後1時49分の連絡——


タシデレ！　竹内です。まことに残念ながら、この電話は頂上からしているわけではありません。

夜中の1時（日本時間30日午前4時15分）に、キャンプ2を出てサミットプッシュに入りました。

私も中島さんも非常に順化も良くできていて体調も良くて、頂上に向かって進んでいたんですけれども、標高7700メートル付近に入ったところで、大きな斜面があるんですけど、そこが非常に大きく雪崩れておりまして、その雪崩れた部分のさらに上の部分がまたこれから何かのちょっとした衝撃で崩れてくるほどに、巨大な雪と氷の塊が引っかかっているような状態になっておりました。

その下を通っていかなければならないことが分かりまして、本当に残念なんですけど、そこから引き返す決断をしました。

今日は天気も良かったですし、私たちの体調も良くてスピードも結構出ていたので、あのへんが頂上だろうかという所も見えておりましたので、本当に残念なんですけど、現在はキャンプ2に戻ってきております。

今回は猪熊さんの方からも、雪崩についてはかなり注意が出ておりましたが、何とか状態を見て自分で決めたいという私のわがままもありまして、そのまま行ったんですけど、あきらかに今年のチョー・オユーは、私たちには登れる条件ではなかったんではないかと思っております。

現在、キャンプ2に3人でいるんですけど、これから後片付けなどをしながら、今日中に何とかベースキャンプに戻りたいと思います。

ベースキャンプに戻りましたら、また連絡したいと思います。どうもありがとうございます。


ここで、今回の登頂は断念されたのだが、7700メートルでの二人のやりとり、竹内の悔いは、記しておかねばならない。簡単な決断ではなかったのだ。


「7700メートルの時点で、雪崩が起きた状況に気がついたの中島さんなんですね。中島さんが「竹内さん、すごい破断面ですね」って。私はそれを見て、「あ、本当だ、すごいねー」と。全然緊迫感なく二人はそのまま進んでいくわけです。で、中島さんが進んでいったのを追いかけようとしたときに、もう一度その破断面を見たんです。そのとき「あ、自分はすごい危機的な状況にいる」ということにようやく気がつくわけですね。それを気がつくまでに10歩、私たちはその斜面の中に入ってしまった。

本来だったら、中島さんが気がついた時点で引き返すべきだったんですよ。ところが、気がついていながら、引き返すという判断が私は10歩遅れた。その10歩、その斜面に中島さんと私で踏み込んでしまったというのは、私にとっては本当に、痛恨の失敗だったと思ってます。本来は、中島さんが気がついた、で、自分も気がついたときに、引き返すべきだったんですよ。もし、あの10歩入ったときに、上からあの塊が落ちていれば、もう私たちは雪崩にやられていたでしょう。私たちがいる間になぜ雪崩が起きなかったのかって、それはまったくわからないことであって、その10歩、あの10歩というのは、私は今でも悔やんでますね」

C2を出て、頂上を目指して登る竹内たちに、降りてきたシェルパが「やめたほうがいい」と忠告を与えていたが、竹内は構わず登って、その7700メートル地点に達したのである。なぜそうしたのか。なぜそこでやめずに危険地帯まで踏み込んだのか聞いたときに、竹内が答えた話は彼の登山や生き方を象徴している。

「シェルパたちが登山を終了して降りてくるわけですね。私たちが上がっていくと「さっさと帰れ」みたいなことをいうわけですけれど、その「危ないからやめろ」といわれて、ああそうですか、と、ここまで来ておきながら止めるというのは私には絶対許せないですね。

登るか引き返すかという判断は、自分で判断しなければ。「止めたほうがいいですよ」と言われて、はい止めますと帰ってくる、あべこべに「大丈夫だから行けよ」と言われて、雪崩に突っ込んで行って雪崩にあえば、誰のせいになるのか。それは私にとっては同じことだと思っているんですね。ですから、自分で行って、実際に見てみて、「確かに自分には登れない」と判断したいんです。他の人たちが登れる登れないではなくて、自分が登れる登れないというのを、自分で見ない以上は判断しない。それは今回に限ったことではなくて、私の登山においての基本だと思っています。日本からも、事務局からもそうですけれど、いい加減おりてきなさいというプレッシャーもあったんですけれど、私は現場まで行って見てみないことには帰れない、と思ってましたね。

今までラルフとか、ガリンダと登っていても、彼らが超えていけても、私が超えられない場合があるはずです。そういうときは、自分で降りないといけない。先に2人が行ったから、自分が行けるとは限らないわけです。能力も違ったり、条件が違ったりするわけですから。そのときは何人いようが、自分の判断っていうのは、自分でしないと、自分の身を守れないっていうのは、登山の世界にはあるんです。

7700メートルで、もしかしたら、そおっといけば大丈夫だったかもしれない、という考え方もなくはないかもしれない。実際、サッと行けばもしかして大丈夫だった、かもしれない。だけど、私はそういう判断はしなかった。やはり10歩入ったことを今でも、それは遅かったと本当に悔やんでいますね。

ですから、中島さんが気が付くまでにも、私と中島さんで「なんだ、あいつら、これで登れないって言ってるんだ」というようなことを言いながら登って行って。もし、これで登れないと判断しているなら、それは違う。まあ、彼らは登れないかもしれないけれども、我々だったら十分超えていけるという判断をしながら、超えていって、その7700メートルまで行ったというのは、間違いなく、私たちはそう信じて行ったんです。ただ、引き返した時点が、私にとっては10歩遅かったですね」

中島はその判断を聞きながら自分ならそういう判断は出来なかったという。

「僕は正直よくわからなかったんです。あの高度で、あんな雪崩も見たことがなかったです。一応、あそこは雪崩れた後やったんで、基本的に雪崩れた斜面というのは、とりあえず雪崩は落ちたから、まあ行けると思ってました。日本だったら、そういう考えでそのまま行ってしまうこともあるんです。ですから、まったく普通に、僕1人なら突っ込んでいったかもしれないですね。その差はすごく大きいですね。経験がないというのは怖いですね」

こうして2人は今回の登頂を断念した。

2010年10月1日（金）

——日本時間10月1日午前1時20分の連絡——

登山家・竹内さんがベースキャンプに無事到着。

2010年10月2日（土）

昨日の夜、寝ながら頭の中を後片付けしておりまして、今回のサミットプッシュの様子を、どうブログに書こうかな……と考えてましたが……うーん……悔しいな……他に書くことが無い……。頭の中をまとめまして、早々にご報告いたしますのでしばらくお待ちください。
私たちが下りてきてから、チョー・オユーは盛大に雪煙が立ち上っています。BCの気温も急激に下がってきました。　秋風と言うには、冷たく厳しい風が吹いています。

このように竹内のブログを中心にして今回のチョー・オユーの登山と断念に至った様子を追いかけてくると、淡々と判断をしているようにみえるが、そうではなく、無念さや悔しさを内に宿していたことは間違いない。竹内の心の内を知るエピソードを最後にのせておく。

「私たちがC2に帰ってきたのが8時か9時くらいですね。8時間くらい動いていたのかな。7700メートルを超えていましたから、本当に疲れきって降りて来てましたので、テントに入って、私と中島さんは、阿蘇さんからお茶を一杯もらった時点で、そのまま倒れるようにして寝てしまっていたんです。靴も脱がないまま、寝袋をひいた状態で、ダウンワンピースも着たままで寝ちゃったんです。
はたと気が付いて目が覚めると、中島さんも靴を履いたままぶっ倒れているし、テント狭いですし、ガスの湯沸かし器が天井からぶら下がっているから、阿蘇さんが小さくなって、顔が明らかに迷惑みたいな感じでした。それで、ああこれは悪いことしたなと思って、起き上がって、靴を脱いだり身づくろいしたんです。阿蘇さんが沸かしてくれたお茶を飲んでました。そのときに中島さんが起きていたか、ちょっとわからないんですけれど、私が「あーっ、登れなかったなあ」っていったら、阿蘇さんがいままで私の顔を見ていたのに、目をそらして「まあ、しょうがないっすよ」といったんですね。

私が我慢していた何かが弾け飛んで「しょうがねえじゃないんだよ」と寝っころがった状態から、ケリが入ったんです。思い切りじゃないですよ、ちょっと手加減が必要なんですけれど。阿蘇さんのことですから、しょうがないですよ、というのは慰めてくれたとは思っていますけれど。一番聞きたくなかった言葉だったんです。私がやっぱり、ピリピリした状態だったんでしょうね。正直言って、あのとき、私の中には、本当にいろんなことが渦巻いていたんですね。

やっぱり登れなかった。

踏み込んでしまった10歩ってこともあったし。阿蘇さんがサミットプッシュに出られなかったということもあったし。

さらに言うならば、もう1回来て登る、そのときに、ここまでまた来るのかとかね。

みんなが言ってくれるんですよ。「また行けばいいじゃん。山は逃げないから」と。そのたびに思うのが、またあそこまでゼエハアして行くのかよって。

いろんなことが渦巻いているなかで、実は「まあしょうがないっすよ」と阿蘇さんが目をそむけて言った言葉が、私はそのとき、一番聞きたくなかった言葉だったがゆえに、反射的に体が動いて、ケリが入ったのかもしれません。まあ今思えばですね、少林寺拳法黒帯の人にケリをいれるほど、無謀なことはないんですけれど」

残念で、無念であったのである。強い竹内とはいえ、7000、8000メートルまで登るのは「またかよ」と思うほど辛いことなのである。それと、11人の応募者があり、選んだパートナーを登頂させてやれなかったという思いも大きかったのだ。体験してもらえばいい、山を知ってもらえば、次のステップになるはずだからと、募った登山だったが、登頂する喜びを一緒に味わえなかったのは辛かったのだ。

この登山はこれで終わった。

2010年10月5日（火）

カトマンズに戻ってきました。

これより、連日！「反省会」の予定です……。

2010年10月7日（木）

解散式。

本日をもちましてチーム・トン・チン・カン（通称）は解散いたします。ただいまから、それぞれの勝手になります。中島さんは仕事でバンコクへ。阿蘇さんは、タメルの安宿へ。私は、もうしばらくシャングリラ（ホテルの名前）。また、いつかお会いしましょう！

第4章　再びチョー・オユーへ

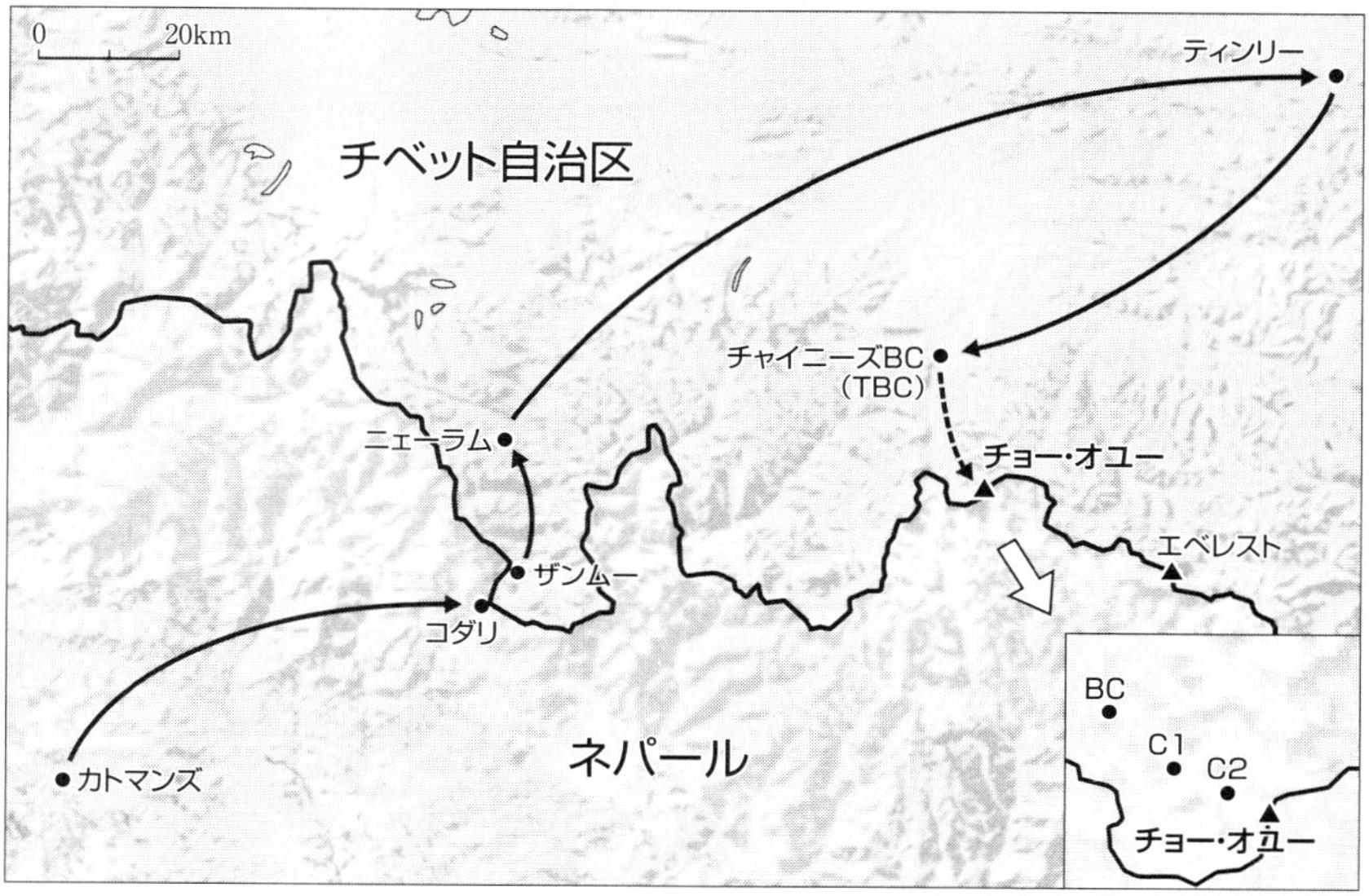
0
20km
チベット自治区
ティンリー
チャイニーズBC
（TBC）
ニェーラム
チョー・オユー
ザンムー
エベレスト
コダリ
ネパール
カトマンズ
BC
C1
C2
チョー・オユー

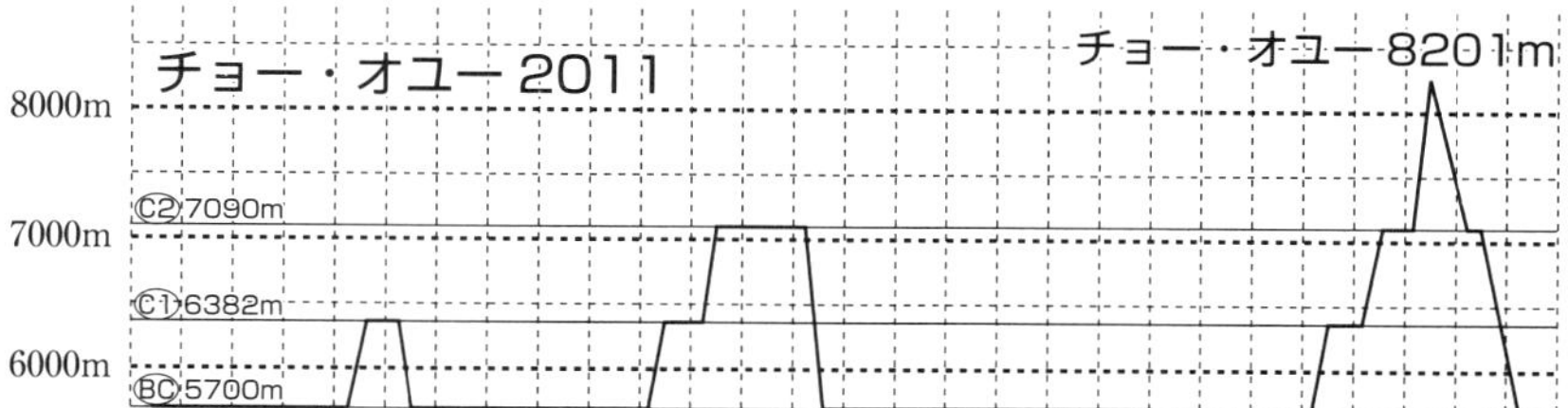
チョー・オユー 2011
チョー・オユー 8201m
8000m
C2 7090m
7000m
C1 6382m
6000m
BC 5700m
2011 年 9 月
5 6 7 8 9 10 11 12 13 14 15 16 17 18 19 20 21 22 23 24 25 26 27 28 29 30 1 2
10月

チョー・オユー2度目の挑戦

この章も竹内の日記風ブログを中心に、彼らの登山を追っていく。今回、チョー・オユーは昨年秋の3人の登山に続いて、2度目。メンバーは2人。竹内と前回初めてパートナーを組んだ中島ケンロウ。今回も写真家として竹内の登山を記録する係も務める。

中島は前回のチョー・オユーも同行、今回も。

そして次回のダウラギリも同行することとなるので、ここで中島ケンロウの人物紹介のために、彼へのインタビューを掲載しておく。

中島ケンロウの話

1984年10月19日生まれ。27歳（インタビュー当時、2012年8月現在）です。本名は健郎。生まれは奈良の高取町です。

父は、ぼくが幼稚園の時にガンで亡くなったんですよ。父が亡くなったのは……ぼくが5歳の時です。父は36歳で亡くなりました。

父が亡くなってから大阪に引っ越したんです。そこは母の実家です。祖母の家に、家族で。ぼくが生まれた年に、おじいちゃんは亡くなっています。だから、しばらくは母と祖母に育てられました。

中島は母の名字なんですよ。父が養子で入った形でした。母は長女やったんですよ、女3人姉妹で、「あなたは中島を継ぐんだ」って小さい頃から言われてたそうです。

母の実家は大阪の堺筋本町で割烹をやっていました。

祖父が板前兼大将、祖母がおかみで、おいしいものを安く食べれる店として、はやっていたようです。

祖父が病気で倒れた時、父が一時期若大将をしていましたが、祖父が「自分の人生は、自分の好きな事をせい」と言い、もとの版画の刷り師にもどりました。父の絵は残ってますよ。

版画の工房に勤めてて、有名な方の作品を刷っていました。自分の作品もその合間合間に描いてたんですね。

ぼくは3人姉弟です。姉が2人いて、2歳ずつ違います。

今、実家は滋賀の近江舞子《おうみまいこ》です。亡くなった父の夢で、家に工房を持ちたかったそうなんです。母もそれを望んでたんで。比良山系と琵琶湖にはさまれた風景の良いところです。当時は山に登っていませんでしたが、自然を肌で感じて育ちました。

ぼくは小中学校は大阪やったんですよ。幼稚園の年長から大阪で。地元の小学校を出て、高校は比叡山《ひえいざん》高校です。高校で滋賀に移ったんですよ。

高校の時のクラブは何も入ってないですね。山岳部やそういう部活があれば見てみたいなとは思ったんですけど、なかったので入ってなかったですね。

勉強はあんまりしてなかったですよ。

専攻は物理

大学は関西学院大学理工学部ですね。

専攻は物理でしたが、卒業研究は花崗岩を分析してたんですよ。花崗岩全般というか、その地域のある特定のところの岩を割って採取してきて、砕いて、ガラスビードをつくって、それにX

線を当てて、形成年代を調べるんです。

大学の時には、山岳部でした。歴史は古いです。亡くなった父が、高校の頃ワンダーフォーゲル部で活動していたので、自分も父が何をしてどのように感じたのか知りたかったので、山登りをしようと思いました。

1年で山岳部に入って、最初は六甲山《ろっこうさん》辺りで、トレーニングついでに行くやつで、夏に剱岳《つるぎだけ》に行きましたね。1年はその時4人いたんですよ。もう、あちこちの大学の山岳部がなくなる頃です。うちも危なかったんですよ。先輩が2人いて、1人はほとんど山に行かなかったんで、実質先輩1人の部活やったんです。で、急に1年生がどばっと入ってびっくりしてたんです。それでも5人ですけど。

ロッククライミングやなんかは、先輩が教えてくれたんです。たまに合宿とかやると、OBとかがたまにちょこっと入ったりもしてくれました。社会人の山岳会にたまに誘ってもらったりとかして。

海外遠征

1年休学して行った山は、日本山岳会の100周年の事業の一つ。他の大学はみんな東京やったんですよ。ぼくだけ関西で1人。ネパールの未踏峰へ行ったんです。

6887メートル。パンバリ・ヒマールっていう山です。メンバーは5人でした。文部科学省登山研修所主催の大学山岳部研修会で、同じ班やったんですよ。

他の大学は専修大学。女のキャプテンでしたね。あとは中央、立教と千葉大ですね。負担金は50万円くらいでしたかね。でも、結果的には、山岳会で出してもらったんで、実質自己負担はほぼなかった。道具類だとか装備は自分持ちだったんで、そういうものはもちろん買いました。

これ、大学3年の時ですね。理科系で言えば、結構肝心なときですね。でも、親はとくに何も言わなかったですよ。「気をつけて」みたいな感じで。信用してくれてたんでしょうかね。

あの頃は、親からは仕送りは毎月5万円でしたね。どうなんでしょうか。他に比べたらやっぱり少ないかも。

関西学院は兵庫県ですけど、理工学部は三田《さんだ》。

三田は結構もう栄えてきてて、部屋代はそんなに安くないので、ぼくは男友達とルームシェアしてて、バイトもしたりしてたんですけど、続かなかったんですよね。やっぱり山岳部やってると、合宿で抜けると席がなくなるんです。

バイトは、居酒屋みたいなとことか、ピザ配達とかしてて、知り合いの便利屋さんのとこに落ち着きました。空いてるときに連絡を入れたら……使ってくれるとこだったんです。引っ越しから電気工事とか。草刈りとか。で、ひと月に多いときは3万、5万くらい稼いだ時もありますけど、収入ゼロのときもありましたね。

山岳部の合宿って、結構お金かかるんですよ。


未踏峰は成功したんです。ぼくたちが初登頂です。

海外遠征って、入った時にはそういうのもやっていますと言われていたので、海外も行ってみたいなというのもあったんですけど、行ってしまえばまあそんなたいしたことないんです。行けばまあ何とかなるかなっていう感じでした。

その頃はぼくの同期も1人しか残ってなくて、OBとかも金があるからどこか行こうかなという話になったんです。

同期の2人は辞めてました。同期の女子が残っていたんで、その女子とあと1年生を連れて、また違う未踏峰に行ったんですよ。それは、偵察みたいな感じで、行けるところまで行きましょうみたいな。

実際100メートルくらい残して登れなかったんですよ。6200メートルの山なんですけどね。それもネパールですね。ディンジュンリっていう、発音しにくい名前でした。

このときはOBはなしで、同期の女子と1年生と3人だけで行ったんです。これは大学山岳部に対して下りた許可です。単体。それで、手続きやなんかは、みんな自分でやったんです。コスモトレックが現地で日本人のエージェントやったんで。その前年に行ったとこと同じとこを使ったんで、だから結構スムーズに行けましたね。

未踏峰の山のことは、ほかの人にも聞いたりしてて、大阪の知り合いの詳しい人とか。山仲間との付き合いは、あんまりなかったですね。学生で、関西でヒマラヤに行く人たちが少なかったんで、あんまり付き合いはなかったんです。ヒマラヤによく行く社会人の人の話を聞いたり、海外登山研究会みたいな集まりに行ってみたりしたぐらいです。

1年生と女の子を連れて、未踏峰というのは結構無謀に見えたらしく、ＯＢは「大丈夫か？」みたいな感じで言われました。だから、まずは見てくるだけでいいかなと思って。訓練のつもりくらいで行ったんです。

1年生ってことは、高校出てきたばっかりですが、まあ1年間一緒に部活をしてましたから何とかなりました。

あの時は気候も良かったんです。高度であと１００メートル残して撤退というのは、スピードが足りなかったんです。一応全員アタックするところまでは、強引にもってはきたんですけど、でも1年生はもうアタックした日に、「ちょっともう、ぼく無理です」みたいな感じで降りてしまって。結局、女子と2人で途中まで行ったんですけど、やっぱりスピードが上がらなくて。ファイナルキャンプが５４００メートルくらいです。キャンプは1個だけしか出してないんですよ。そんな高さがないんで。

で、この後戻ってきてもう1回行きました。

また山に登りに行くと、留年しなきゃいけなくなるんですね。でも、もう1回行ったんです、リベンジというか。登れなかった山に、1年後の春に。それで登ったんですよ。

今度は2人で。同期の女子はもう卒業前だったんで忙しいというか無理で。で、前の年はいなかった、もう1人、その頃は2年生になってたんですけど、そいつと2人で。悲しいことに、前年に行った1年生は辞めてしまって。

2回目に登れた理由は、ある程度経験のあるパートナーでスピードが上がって。自分としても偵察が済んでるし、自信がついてて、あそこを行けば登れるんじゃないかなというのがあったんです。ルートも何も自分たちでみんな見つけなきゃいけなかったんです。

航空撮影の写真を入手してましたが、よくわからなかったですね。一応、グーグルアースとか見たりもしたんですけど、実際行かないとわからないんですよ。

最初の年なんかは行ったら登れるのかなみたいな感じでしたが、行ってみたらわからない状態でしたからね。

これって難しい装備は全然ないですよ。遠征は1ヶ月もないんです。ベースキャンプは5000メートルないくらいですからね。2回目には登頂しました。

ですから学生時代に未踏峰を2つやってます。技術的には易しいとこだったので、たいした実績じゃないですよ。

大きいケガですか？　学生の頃に山で滑落して救助されたんですよ。3年生のときの劒岳の合宿で。いや、たいして落ちてはいないんですけど、落ちた場所が悪くて、岩の上やって、足首を折ってしまったんです。痛いなと思ったんですが、しばらく歩いてキャンプまでは戻ったんですけど、そこからもう……パンパンになって。翌日ヘリで救助されたんです。

キャプテンやったのは、2年の後半からです。上が4年生1人やったんで。ですから、自由でしたね、確かに。

消防署員に

ずっと岩登りも続けようと思ってました。大学時代はそんなに登れなかったんです。新人も入ってくるけど、毎年一からの訓練なのであんまり難しいことができないんですよ。だから、卒業してちょっとゆっくりできたら、岩登りをやろうと思っていました。

就職も、山に行ったりしてて、就活のタイミングを逃したというか、他の人とかは決まってたりしてたときでしたが、なんか、あんまり就職する気もないっていうか。あんまり就職に興味がなかったんですよ。

それでも親がうるさく言うんで、「消防受けるんだ」とか言ってました。消防は試験が8月とかなので、普通の就活に比べるとだいぶ後なんですよ。山で救助された経験からかはわかりませんが、人の役に立ちたいと考えた時期がありました。一応勉強して受けたんです。そうしたら地元の滋賀県・大津の消防に受かったんです。

学生時代最後の山は、卒業する年の3月に行ったんですよ。消防受かってから行ったんです。もうすぐ卒業でこれから消防署に勤めなきゃいけないっていう時に、山登りに行ったんです。帰ってきたら消防に行くはずだったんですけど、その後にもう1回遠征に行ってしまったんですよ。

それもネパールの7000メートルの未踏峰でした。登れませんでした。

それは社会人に混じって行ったんです。

他のメンバーは知らなかったんですけど、隊長には、よく未踏峰とかの話をしてもらっていたんです。その方が誘ってくれたんですよ。「この時期に誘っていいのかどうなのかわからないけど」とか言いながら。

それは10人でしたね。今までで私にとっては一番大きいグループですね。知らない人同士で、みんなバラバラなんです。公募隊みたいな感じでしたね。それはシェルパとか使う登山やったんですね、なかなか難しいルートというか、固定ロープを全部張るようなルートでした。

天候がかなり悪くなって。温かくなってきたら、落石とか多いルートなんです。で、結局登れなかったです。

卒業前に行って、帰ってきたら卒業してたっていう感じですね。

そんなわけでしたから、行く前に消防署には「申し訳ありませんでした」と就職をお断りしたんです。向こうは待てないです。公務員ですからね。

親には「消防署辞めた」「断って行くよ」って、言いました。

ウェックトレックに就職

遠征から帰ってきたのが5月、6月くらいでした。しばらくどうしようかなあとか思ったんですが、今まで行けなかった夏山とかに行ったりしてましたが、ちょっと働かないとなと思って、探したら、ちょうどウェックトレックが募集してたんです。

面接だけでも受けてみようかなと思って、穂高に行った帰りに東京に寄って。それで入れてもらったんですよ。

それが2008年の10月です。

山岳系の旅行代理店だから、自分としても良いと思ったんですね。まあ、全く興味がないところよりは、行けるだろうと。

本当のガイドは向こうでもう1人付くかもしれないけど、そういうツアーを組む会社です。添乗員みたいなもの……ですね。よく知らなかったんです。ぼくはむしろ、衛星電話の貸し出しや何かとかで知ってただけやったんです。ぼくも遠征のとき借りてましたから。海外取材のテレビ局や竹内さんも借りてますね。まあそういう会社なのかなって最初は思ったんですけど、ツアーをやっているのはあまり知らなかったですね。山岳機材の貸し出しだとか、レンタル会社だと思ってたんです。そういう仕事もしてますから。

竹内さんとの出会い

竹内さんの事はウェックに入る前から知ってました。最初に会ったのはネパールなんです。ちょうどその春やったんですけど、空港で、不思議な日本人がいたんです。ヴィトンのカバンにサンダルという、すごい軽装で、誰だろうあの人、大使館とかああいうところの人なのかなと思ったら、同じ現地コーディネート会社のコスモトレックからの迎えのバンに乗り込んだんですよ。えー？　山登る人なのかな、なんか見たことあるっていうか、雑誌とかでしか知らない人なんで、これは竹内さんやなと思って、「失礼ですが……」って聞いたら、「竹内です」って。

その頃は、竹内さんのことは、山登ってる人だということは知ってましたよね。ガッシャブルムで雪崩に巻き込まれた年の翌年ですね。打ち合わせをしに来てたんですって。その迎えのバンで話したんです。

お互い1人やったんで、竹内さんも「なんで1人なの？」みたいな話をしたんです。

ぼくは、自分の装備全部置いて行ったんで、特に何も持っていなかったんです。おみやげくらい。その後、お会いしたのはぼくが就職した後でウェックのオフィスでした。竹内さんもぼくを覚えてくれてたんですよね。「あー、あー」とかいう感じで。ぼくが入って、半年後の春にローツェに行ってたんですね。ローツェは、ラルフさんとガリンダさんと、あとはデービッドです。竹内さんの12座目でした。

ウェックは14PROJECTの事務局でしたが、この頃は登ることに関しては特にお手伝いしてないです。講演とかあったら手伝ったり、記者会見があったら手伝ったりとか、そんなもんですね。

ぼくがチョー・オユーのパートナーに選ばれた理由ですか？　それはあまりよくわからないんですけど、ぼくも行きたかったんです。もちろん。でも、そういう話は竹内さんにはしてなかった。

立場から言えば、竹内さんはウェックのお客さんですから。でも、竹内さんはさまざまな手配やなんかは全部自分でやってますから。ただ事務局というか、ウエックを連絡先にしてるだけで、打ち合わせをするために場所を使うぐらいです。

それと、あの事故があったんで、保険や事後処理やなんかの窓口でしたね。まあそれはうちの社長の古野が全部やってたんです。事故の時とかは、ぼくは、まだ入ってなかったです。

13座目は「ぼくも行きたいです」って言いました。自己負担金を払ってでも、休んででもいきたいなと思ってましたから。竹内さんが、「それなら仕事で来てください」って。それで、ぼくはパートナー兼カメラマンとして行くことになりました。

阿蘇さんを選ぶときには相談はなかったですね。ぼく自身も最後まで、決まってなかったんですよね。ぼくはすごい行きたかったんですが……会社としてどうするとかって結構なんか最後まで結論が出なくて。竹内さんがパートナー兼カメラマンとして会社に人材派遣をお願いしたのですが、それでも、会社としては、どうなのか、その間の業務はどうするんだ、みたいなことだったんです。

実際、チョー・オユーの直前まで仕事が入ってました。終わった後も、そのままタイへ行って案内する仕事でした。

写真家を目指したのは？

写真を撮るようになったのはこれも父の影響です。山に行き始めて普段見ることがなかった世界に感動を覚え、他の人にも見てもらいたいと。

フィルムカメラとかも持ったこともあるんですけど、簡単なデジカメから始めました。

竹内さんがぼくの写真をどこで見たのかがわからないんですよ。何でぼくをカメラマンに選んでくれたのか、理由はなんだったんでしょう。どうなんでしょうね。あまりよくわからないですね。でも、13座目の写真撮るカメラマンにはなったんですよ。そのために新しく機材も買いました。仕事で行くことになったんで。元々、写真は好きだったんですが、竹内さんに背中を押された感じもあります。撮れ！　と。

写真を撮るようになってからは結構になりますが、カメラマンとして行ったのは竹内さんとのチョー・オユーが初めてです。

カメラマンやってみての、自信ですか？

いや、たいして。でも、自分にしか撮れない写真や映像があると思って撮ってます。誰かに指導してもらうとかもないです。まあ、少しは聞きに行ったりしましたけど、なんかね、そんな具体的なのはないです。山でカメラ故障とかも、とくにないですね。マイナス30度とか40度とかになるんですが、機材は別にそのままですよ。

フィルムカメラの時は、いっぺん冬山に持って行って、フィルム交換など吹雪の中で大変やったんで、それ以降はあまり使ってなかったです。今は全然何の問題も。たまに変な音が鳴りますけど、問題ないと思います。

別にカメラのことに関しては、買ったまま使ってるんです。電池が減ることだけ気を使っているんですね。あとはカメラをあんまり外に出さないとか。シュラフの中に入れておくとか、その程度ですよ。

今はカメラマンって名乗ってます。

そのせいですかね、まるごと任せられてて、もう竹内さんは、ほとんど写真を撮らないですね。昔は撮ってたんですかね？

そういうのは、いや、まあ嬉しい反面、やっぱりこれから大変というか。好きな仕事ができて本当嬉しいですけどね。責任もありますからね。重い機材を持って行くのは、それは全然、ぼくは苦じゃないんですよ。

パートナーが竹内さんじゃなければ、ぼくが先に行ける？　それはわかりません。初めての8000メートルっていうか、7000メートルも初めてやったんで、はじめチョー・オユーでもほんとうは、どうなるか、どうなるかって、常に不安に思いながら登ってましたね。

そういう不安は、プレッシャーにならないですね。ぼくはあんまりストレスは感じないほうなんです。でも、もちろん、低酸素だけでもストレスがあるんで、やっぱり胃とかにはきます。吐いたりもしますけどね。吐いたらスッキリするんで、動けないことはないんです。一歩も動けない、行けないとか。それはないと思います。

頑張って、竹内さんの期待に応えたいし、良い写真を撮りたいです。

前回のチョー・オユー

前回のチョー・オユーですか？

ぼくは順化が遅いから、大変でした。ベースキャンプで吐いてたのはぼくだけだったと思います。辛かったです。阿蘇さんより全然辛かったですもん。阿蘇さんは順化はできてたんですよ。

ぼくは小さい頃に喘息ぎみやったんで、あんまり高所には向いてないのかもしれないですね。富士山でも、1回、すっごいやばくなったというか、もう吐いて吐いてどうしようもなくなった時がありましたしね。いや、それでも、時間が経てば、降り際とかになんとかなるんです。チョー・オユーで7700メートルで帰ってきたときにも、あとの方は調子良かったですから。

まあ、7200メートルには順化できたので。

あの時は阿蘇さんも別に、症状というか、そういうのはまったくなくて、元気そのものやったんですよ。ぼくよりよく食べられたし。残ってもらったのは、スピードが出ないからなんですよね。確かにあのスピードでは、登り切れないので。

竹内さんはなんであんなに速いんだろう。いやぼくもびっくりしました。

最初、竹内さんって本当に登れるのかなって思ってたんです。普段何もしてなさそうやし、見た目もヒョロヒョロヒョロしてるじゃないですか。それまで一緒に山へ登ったことはなかったんで。初めての山がチョー・オユーだったので、どうなんやろうと思ってたら、順化が早いんです。

途中の村（ニューラム）で順化するためにちょっとハイキングしたんですけど、歩くのももうすごい速くて、全然、撮影どころじゃないなと思って、焦《あせ》りましたよ。

歩幅も大きくて、普通に歩いてると思ってても追いつかないですね。

今でもこっそりどこか、家でトレーニングしてるのかなとか思ったりしますが、本当になにもしてないと思います。もちろん若いときは相当やったんでしょうね。

阿蘇さんは、自分は登れると思ってたと思います。1人で結構いろいろな山に行ってたし、自分のペースに持って行ければ、登れるとは思ってたでしょうけど、ああいうペースの速いチームだったので、ちょっと厳しかったでしょうね。

阿蘇さんは、自分では遅いということに気がついてたと思います。ぼくたちに比べると時間はかかるんだろうと。残念だったと思いますよ。

◇◇◇

竹内は私に話したことがある。「写真家を登山家にするのは不可能に近いけど、登山家を写真家にするのは可能かも知れない。やっぱり、技術と体力とがなければ、超高所では写真は撮れません。中島さんはセンスがあるし、良い写真を撮りますから、期待してるんです。日本にもそういう写真家が育って欲しいですからね」。それが中島をパートナーに選んだ1つの理由かも知れない。

2回目のチョー・オユーの様子をブログで追っていこう。

カトマンズ到着

2011年8月21日（日）

いつものところに、いつものように到着。

去年の登山が敗退した時点で、今回の登山は決まっていたことなので、わざわざ発表するのもはばかられて、いきなり出発してきましたが、「チョー・オユーやり直し」以外の何ものでもございません。

登山計画の内容は、追ってお知らせいたします！

しばらくお待ちください。

2011年8月27日（土）

目の前にある光景にカメラを向けてシャッターを切るのではない。想い描く光景を追い求め、たどり着いたその瞬間、己の目に映る世界をカメラの中に再現することがカメラマンの仕事だ。極限の世界に、想い描く光景を探し求める男。プロカメラマン、中島ケンロウ、26歳、彼女なし、ちょっとお腹が弱い。去年の登山から、皆さんご存じの中島さんが到着しました。

彼がカトマンズに着くまでのスケジュールが凄い。

25日の夜　キリマンジャロから帰国
26日の夜　羽田発
27日の昼　カトマンズ着
29日の朝　チベットに向けて出発

山岳旅行のコーディネート会社に勤める中島は、この登山の直前までテレビ局の仕事で盲目の少女をキリマンジャロ（アフリカ大陸最高峰、5895メートル）へ案内する仕事についていたのだ。

チーム「ふり出しに戻る」チョー・オユー・エクスペディション登山計画概要発表！

メンバーは私とクライミングパートナー兼、ビデオカメラマン兼、スチールカメラマン兼、ボッカ（歩荷）兼、マネージャー兼、ツアーガイド兼、丁稚兼、その他、いろいろ兼……の中島ケンロウと2名。

今年もラルフの公募隊にジョイントして、キッチンだけをシェアする、インディペンデントなチームです。

ルートとスタイルは去年とほぼ同じ。

ただし！　今年は、登れるまで徹底的に粘る‼　登山終了日程も帰国日程も完全未定です！

登れるまで粘るぞー！　おー‼　クリスマスまで、粘るぞー‼　おー……！

中島さんには彼女がいないからクリスマスなんか、関係ないぞー‼　おぅぅ……。（中島）

2011年8月29日（月）

出発‼

チベット入り。

ザンムーに到着！　国境を越えて、チベットに入りました。

晩ごはんまで時間があったので、ちょっと買い食い。美味しそうなお店を発見！

今年も私のウソ中国語で突撃！　四川の串焼きらしい。なんの肉だかは不明……でも、美味しかったからいいや！

2011年8月30日（火）

ニェーラムに到着！

ニェーラムに、また来た……今回で6回目になります。

チベットでの登山では、宿泊する場所が決められているので、毎回、同じ宿泊所に泊まります。（数年前から、新築の宿泊所になったけど、同じもの）
昔、そこにいた小さな女の子が、いつの間にやら、すっかり大きくなって、以前から宿泊所で働いていて顔見知りなんだけど、今回、到着したとき、出迎えてくれた、その娘に「あなた、今回で6回目ね！」と、言われて、6回目と知った……よくも、6回も来たもんだ。
また、チベットには来るだろうけど、チョー・オユーに行くためには、もう来たくないなー……。

2011年8月31日（水）

ニェーラム停滞。

ニェーラム（3750メートル）では、順化のため1日滞在します。去年までは、裏山に順化ハイキングに行っていたのですが、今回は疲れるから、やめた～。

どうも、歩き出すと、つい全力で動いてしまうので、疲れちゃって……もっと、ゆっくり歩けばいいんだろうけどね。

中島さんは、午前中に少し歩いてきたようだけど、私はニェーラムの街をブラブラしてました。

午後は、美味しそうな四川料理の食堂を見つけたので、「火鍋」にトライ‼

相変わらず、ここでも私のインチキ中国語で「火鍋を食わせろー！」とか騒いでいたら、お店のおばちゃんが「本当に食べるの？　外国人、火鍋食べられるの？」ってな感じでしたよ。

以前、成都で食べた火鍋は、辛いスープでしゃぶしゃぶをするような鍋でしたが、ここで出てきたのは、あらかじめ煮込んであるごった煮状態の火鍋。

いやー……辛かった‼　山椒が利いているで口の中がシビれる‼　でも、美味しかった‼

かなり大きな鍋を中島さんと2人で平らげたら、びっくりされましたよ！

2011年9月1日（木）

ティンリー。

チョモランマが見えてきました。

チョー・オユーは雲の中で見えず……。

2011年9月2日（金）

TBCに到着！

ここまでは、車で来ることができます……はずでしたが！　なんと！　途中で、巨大なトレーラーが脱輪！　していて、道を完全にふさいでスタック！

ランクルとかの4WD車なら、道の横をすり抜けられるんだけど、今回、私たちはバスで移動していたので、どうにもならず……どーすんだよ！　通れねーじゃねーか‼　とウチのバスの運ちゃんに責められるもエンコしたトレーラーの横で途方に暮れて、消え入るほどに、小さくうずくまる運ちゃん……しかし、そんなことは、チベットの空の下では、とるに足らない小さなことなのでした……。

いくら待っても、JAFが来るとは思えない……ここから、歩くのかよ……まだ、半分も来てないぞ！

3時間ほど待って、ほぼ諦めかけた、そのとき！　TBCからトラックが私たちをピックアップしに来てくれました。トラックの荷台に乗せられてTBCに到着‼

順化のために、TBCには1日滞在して、ここから歩いてBCに向かいます。

2011年9月3日（土）

昨日、TBCに着いたときは雲の中だった、チョー・オユーが姿を見せました！

なんだか、去年に戻ったような感じがします。

4900メートルまで車で来られるので楽か？　とも思われがちですが、それが「くせ者」で、車で急激に標高を上げてしまうので順化が追いつかずに体調を崩す人が多く、TBC入りが第一関門、BC入りが第二関門とも言われます。

私も中島さんも体調はOK！

ジョイントのアミカル隊のみんなも元気！

先ほど、あの「脱輪トレーラー」が通過！

昨日の夜、パワーショベルを載せたトレーラーが下って行ったので、助け出されたんだ！　よかったね！

（この先の軍の施設に向かうのか？　それとも、水力発電所でも作ってるのかな？）

明日から、2日間かけてBCに向かいます。

2011年9月5日（月）

BCに到着しました！

去年より、少し上にBCを設置しました。頂上まで、ちょっと近いぞ！

BCに着いた日が、最も忙しく苛酷な日です……まだ順化していない体で、土木工事をしてテントやダイニングテントを建てるために整地をしなければなりません。

今年は、どんなBCになるのかな？

2011年9月7日（水）

キッチンスタッフ。

今年も、去年と同じく、シッタラムが我々のメインコックを務めてくれています。

私たちのコックとして2004年以来、今回で8回目となります。引き続き「専属コック」です。

それから、アシスタントコックのアスマン。ちなみに、2人がしているエプロンは中島さんが選んで日本から持ってきたもの。シッタラムのには「商売繁盛」とか、いろいろ書いてあって、アスマンのは、魚の漢字がいっぱい書いてあります。

そして……去年も我々のキッチンボーイを務めてくれたタッシー！　そして、ナンジン！　今回、私たちのキッチンボーイはタッシーが務めてくれます。ナンジンは、すぐ隣のスペインチームのキッチンボーイとして参加しています。

去年のキッチンスタッフが勢ぞろい！

今回は、新たにアシスタントコックのアスマンが参加して、ナンジンがお隣さんということになりました。今回は、どんなお料理が出てくるかな？

すでに、名物の「シズラーステーキ」が登場！

名物だけあって、美味しいんだけど、ヤク肉は噛んでも噛んでも噛みきれない……。

今回は、はるばるカトマンズから持ってきた、ステーキ皿が何回登場するかな？　前回は、1回しか出てこなかった……。


竹内のベースキャンプでの生活は楽しめるように工夫してある。個人用のテントには、ソーラーパネルで充電して使えるパソコンや電気器械。そのようすはちょっとしたオフィス並。ゲームや遊び道具も持ち込む。中島もそれがうつったらしく、キッチンボーイ用に揃いのエプロンを用意してきた。ベースキャンプは休養をとり、体調を整える大事なところなのだ。竹内はキッチンメンバー選びに細心の注意を払っている。

C1へ

2011年9月9日（金）

C1（標高6382メートル）に上がってきました。

——日本時間9月9日午後7時25分の連絡——

もしもし。タシデレ！　竹内です。

ただいまキャンプ1（C1）、6382メートルに上がってきております。

本日朝にプジャ（登山の安全を祈願する儀式）を行いまして、そのあとベースキャンプを出てネパール時間の2時半くらいにC1に入ってきました。

先ほどテントを建てて氷を溶かして沸かして、中島さんはミルクコーヒー、私はココアを飲み終わったところです。今晩はここに一晩泊まって順応活動をして、明日のお昼まではベースキャンプ（BC）に戻りたいと思います。

これからおそらく2人とも頭が痛いとか、気持ちが悪いとか、寝られないとかの1晩を過ごすと思うんですが、なんとか乗り切ってBCに下っておいしいお昼ご飯を食べたいと思います。

BCに戻ってしばらくしたら、C1のことをブログにアップしたいと思います。

現在位置　標高　6382メートル

2011年9月10日（土）

C1の1晩。

着いたときは元気だった中島さんも……1晩経てばこの通り！　それでも、去年よりは苦しまなかったようです。私も、思ったより眠れた。

さて……テントを畳んでデポしてBCヘランチを食べに帰ろう！　と……C1からのちょっとした登り返しを空身で登ろうとすると……息が上がって、あまりの辛さに3歩、歩めず……毎回、思うんだけど、本当に順化するのかね？

（注意！　このような、事前順化無しで、一発で【しかも自分でフル装備を背負って】新たな標高のキャンプに入って、いきなり泊まる順化方法は一部マニア向けの方法で、一般的ではありません！）

竹内の高度順化は、他の人からみれば、いささか性急である。極地法のところで述べたが、組織登山では、C1とBCの間を荷上げを兼ねて何度か往復し、高度順化を行うのだが、竹内はC1に上がりそのまま1泊することで、順化のスピードをあげている。彼がブログで警告しているとおり、誰もがまねられることではない。竹内は高所での自分の体を良く知っているからできるのだ。

2011年9月11日（日）

9月9日に恒例のプジャを行いました。登山の安全と成功を祈願します。

この後、私と中島さんはC1に向かいました。

前日まで、イマイチな天気だったのですが、この日はチョー・オユーの頂上まできれいに晴れ上がりました！　不思議なことにプジャの日っていい天気なんです。

プジャの日程は「シェルパカレンダー」なる暦で決めるのですが、なかなか畏れ多い。

今回、ジョイントしたアミカルチーム13名（このとき、1名体調不良で下っていた）と彼らのシェルパ（3名）と、私たちでシェアしているキッチンスタッフ（3名）と私と中島さん。他にも通りかかった人とかも混ざっているみたい？　の大集合！

プジャ執り行いの代表には、11名のメンバーを擁するアミカル隊のリーダのトムさんと、「隊長1名と隊員1名（時々立場が入れ替わる）チーム」から、代表！　で私です。

プジャはお祭りみんたいなもんで、お菓子やらビールやらコーラやらが振る舞われて、アミカル隊のメンバーもシェルパも飲んだくれてるなか、私と中島さんは盛大に！　見送られてC1に向かいました とさ……。

ダウン

2011年9月12日（月）

ダウン……。

去年見た光景と同じ光景が目の前にある……ケンロウちゃんダウン‼　風邪ひいたらしい。昨日、シャワーを浴びた後、薄着でフラフラしてたからな～。

そんな中島さんを放って、私は近所の韓国チーム主催のパーティーにお出かけ！

リフティング大会（手製のバトミントンの羽みたいのでやった）の優勝者には、賞品としてチキン丸ごと1羽！　とのことで、張り切って参加しましたが……惨敗……。

現在、BCで天気と中島さんの回復待ちです。

（中島さんは、夕食までには、だいぶ回復して食欲もでてきました）

2011年9月15日（木）

再びC1（6382メートル）に上がってきました。

――日本時間　9月15日午後7時5分の連絡――

もしもし。タシデレ！　竹内です。

ただいま第2回目順化のために、キャンプ1（C1）に上がってきています。

前回よりは大分楽に入ってきたと思いますが、まだまだ順化の途中なのでどうなるか分かりません。

中島さんも前回よりは良さそうですけれど、やはりこれから〝恐怖の夜〟を迎えてどうなるか……。

本人はビクビクしているようです。

今日はC1に泊まって、調子が良ければ明日キャンプ2（C2）に上がります。C2では今のところ2泊する予定ですが、天候次第になると思います。

また明日C2に着いたら連絡したいと思います。

現在位置　標高　6382メートル

2011年9月16日（金）

――日本時間　9月16日午後7時55分の連絡――


もしもし。タシデレ！　竹内です。

現在標高7090メートルのキャンプ2（C2）におります。ネパール時間の1時過ぎくらいに到着いたしました。

中島さんはとても調子がよく、だいぶ早く着いたようですが、私は遅れて到着しました。去年も、このC2に入るのに非常に苦しんで入りました。

新しい標高に入るというだけでなくて、荷物を全部背負っていたり、C2の手前が標高7000メートルでありながら、非常に暑いんです。去年も、その暑さに非常に苦しんだんですけど、今年も、また同じように暑さに苦しんで、最後はもはや、3歩歩いてまたちょっと止まる、3歩歩いてまた止まる、みたいな感じで、ようやくC2に到着しました。

現在天気は、少し雪が舞っているような状態です。

標高が7090メートルもありますので、やはり何もしなくても少し息が上がるような感じです。2人とも、とても調子も、体調も良くて、お茶を飲んだり、持ってきたお菓子を食べたりしながら、時間を過ごしています。これから、晩ご飯に何を食べようかと、考えているところです。

本日はC2に滞在し、明日もC2に滞在し、合計2晩C2に滞在して、明後日BCに降りる予定でいます。明日は明日でまたC2の様子をお伝えしたいと思います。

現在位置　標高　7090メートル

2011年9月17日（土）

――日本時間　9月17日午後6時42分の連絡――

もしもし。タシデレ！　竹内です。ただいまチョー・オユーのC2、7090メートルからです。

これから2晩目に突入しようとしております。昨日の夜は、私も中島さんも寝たり起きたりを繰り返した様な状態で、ちゃんとは寝られませんでした。今晩は、昨日よりは若干ましかな？　とは思っているのですが、やはりそんなには寝られないんじゃないかと思っております。無事、今晩を乗り切りまして、明日遅いランチに間に合うように、BCに戻りたいと思っております。

2011年9月18日（日）

BCに下りてきました。

——日本時間　9月18日午後4時32分の連絡——

もしもし、タシデレー。竹内です。本日、ランチに間に合うようにベースキャンプ（BC）に下りてきました。先ほど、シッタラムが作ってくれたランチを食べ終わりまして、今は中島さんと2人でお茶やコーラを飲んで、やれやれというところです。さすがにこの2晩は2人ともだいぶ疲れが出たようですけども、現在BCに下りてきてだいぶのんびりしています。

今後は天気と体調の様子をみて、次に上がっていくときにはサミットプッシュを予定しています。数日はBCでレストをする予定にしています。

2011年9月23日（金）

テルテル照れ照れ。

天気が悪い〜。

ただ待つだけでなく、私たちにできる最大限の努力を！　と言うことで……テルテル坊主の「イノちゃん」（中島ケンロウ作）。当ブログでおなじみの某山岳気象予報士とは一切の関係はありません。

高いところにお祀りして、好天をお祈り申し上げております。決して、吊し上げているわけではございません……。

イノちゃーん！　なんとかしてー。

2011年9月26日（月）

大雪警報が発令!!

夜半から降り出した雪は、ますます勢いを増して、猪熊さんからのメールで警報を確認して、納得するばかりで、成す術なし……。


ＢＣでの停滞は辛い。何もすることがないというのもあるが、折角順化した体が元へ戻ってしまうのではないかという不安が芽生えてくるからだ。それと停滞は天気次第。いつまで待てばいいのか区切りがないからだ。

ＢＣでの天気待ちは、雪や風が止むのを待つのではない。サミットプッシュの際の頂上付近の天候が良くなるチャンスを待っているのだ。竹内はよく言う。「登頂は簡単なものではないんです。体調、装備、心構え、そして天候と全てが揃わないと登れないんです」。すでに待機は９日になる。

頂上へ

2011年9月27日（火）

サミットプッシュに入ります！

28日にC1に入り、30日のサミットを目指します。各キャンプ等から衛星電話で現在位置情報をお知らせします。

2011年9月28日（水）

——日本時間　9月28日午後7時6分の連絡——

もしもし、タシデレー。竹内です。

ただいまキャンプ1（C1）にいます。ベースキャンプ（BC）を出てサミットプッシュに入りました。

登山を終了した知り合いから、「お前らのテント雪でつぶれてるぞ」と聞かされて、修理道具を持ち込みC1に入りました。

実際にテントのポールが1本折れていたので、張り直しました。今はテントの中で水を作り、中島さんとコーヒーを飲んで一休みしてたところです。

天気は良いが、前回上がってきた時よりも明らかに気温は低くなってます。

明日はキャンプ2（C2）に入る予定です。また明日、C2に入ったら連絡します。

2011年9月29日（木）

——日本時間　9月29日午後5時52分の連絡——


タシデレー、竹内です。

ただいま予定通りキャンプ2（C2）に入ってきております。

天気は非常にいいのですが、前回とは打って変わって、ここに入ってくるのに非常に寒い思いをしました。手が時折しびれるくらい冷たくなってきます。

風はそんなに強くないんですけど、モンスーン明けに冷たい空気が入ってきているせいか、非常に寒いです。おそらく今晩夜中の12時か1時ぐらいにここを出発して、頂上に向かうことになると思います。

2011年9月30日（金）

――日本時間　9月30日午後4時41分の連絡――

もしもし、タシデレ。竹内です。

ただいま、チョー・オユー（8201メートル）の頂上です。

今朝、夜中の1時に出て、雪が多くて手こずりましたが、先ほど登頂しました。

天気は良かったのですが、さきほどから風が出てきました。

現在、時間的に遅いのでまずは報告のみで、これからすぐに下山にとりかかります。

安全圏に下りましたら、また電話いたします。

2011年10月1日（土）

――日本時間　午前11時59分の連絡――

もしもしタシデレ！　竹内です。

昨日、チョー・オユーに登頂しましたが、その後私が下降ラインを間違え、帰ってくるのが遅くなってしまいました。昨日のうちにキャンプ2（C2）に戻ってきています。

今はC2にて、私と中島さんでお茶を飲んでいます。この後、荷下げをしてベースキャンプへ戻ります。

2011年10月2日（日）

――日本時間　午前3時41分の連絡――

さきほど現地時間11時過ぎ、結構遅くなりましたが、ベースキャンプ（BC）に戻ってまいりました。

早速、コーラで乾杯をしまして、中島さんは居眠りしながらご飯を食べておりました。

先ずは、登頂写真の公開です（帯写真参照）。

一見、「中の人」が誰だか、わかりませんが、私です。1日に登頂したのは、私たち2名だけで「貸切状態」でした！

背後に見えるのはエベレストとローツェです。

エベレストやローツェの頂上からチョー・オユーを見ると、結構、遠くに見えるのですが、チョー・オユーから見ると、エベレストとローツェが、なんだか、飛び移れそうに近くに見えます。

チョー・オユーの頂上は、どこが頂上なのか、わからないほどに「ダラリ……」と、だだっ広いのが特徴です。ホントにこの頂上台地の果てしないこと……マイッタ……ここまで苛酷な、山との我慢比べをさせられるとは……。

今シーズンは、9月23日に韓国隊が、結構、厳しい天気の中、ピンポイントで登頂したものの、その後、1週間天気が悪くて、トレースは消え、しかも、韓国隊は数本しかフィックスを設置しなかったため、多くの公募隊は、手に余る状態。「お互いにルート工作待ち」状態で、どこも登れずにいて、去年同様に、私たちが登山の先頭に押し出されたのでした……。

頂上までのラッセルやら撮影やら、中島さんの「ガッツ！」によって、撮影されたサミットフォトです。厳しい条件の中、プロ根性見せてました。

中島さん自身にとって、初の８０００メートル峰登頂となりました。なんかスイッチ入ったかな？

今後の、活躍に期待いたしましょう！

２０１１年10月6日（木）

5日の夜にカトマンズに帰ってきましたよ！

ただいま～。

現在、ネパールはヒンドゥー教徒にとって一年で最大のお祭り「ダサイン」中です。

２０１１年10月7日（金）

解散‼

本日、カトマンズにおきまして、解散‼

本日をもちまして、今回の登山を終了！

そして、次の登山がスタートします！　これからも、よろしくお願いします！

荷物整理を済ませ、それぞれの用事を済ませて、それぞれに帰国します。私も、中島さんも、相変わらず、帰国予定は未定で～す！　あしからず～。

竹内のブログでの報告では何気なく登頂し、ＢＣに還ってきたように記されている。しかし、実際には、結構な危機があった。

２度目の、竹内の言葉で言えば「振り出しに戻る隊」竹内と中島のチョー・オユー登山の実際を、帰国した竹内にインタビューしてあるので、それをここで紹介する。

竹内洋岳の話

28日にＣ１。

Ｃ２に29日に入って、そこを出たのが９月30日の午前１時でした。日付が変わった午前１時でした。

前日、Ｃ２には早く入りました。Ｃ１からＣ２は、もう２回行ってますから、すでに順化してますし、大体、何時間ぐらいで行くかっていうのは分かってましたから。

それに、もうすでにＣ２にはテントが上がってますから、そんな重たい荷物じゃないんです。だから、Ｃ１からは３、４時間で入っていったと思いますよ。朝出て、もうお昼前には着いて。明るいうちにもう寝てました。それで夜の10時ぐらいに起きて準備を始めて、１時ぐらいに登り始めました。

Ｃ２には、その前に行った人たちが残していったテントと、一緒に入った組と３組分のテントのほかにも、Ｃ２まで順化であがった連中や、残置したテントもあって、一大テント村になってました。

私たちが30日にサミットプッシュ出すということになったので、それに合わせて30日にプッシュを出そうとしたところが何組かあったんですよ。

それは、30日は天気が唯一良いっていうニュースもあっただろうし、私たちが行くっていうニュースもあっただろうし、そういうのを多分彼らが総合的に判断して、よし、30日だと、決めたんだと思うんです。

３チームぐらい来てたと思うんですけど、なんかゴチャゴチャになっててよく分かんないんですけど、１チームは、私たちとジョイントしたアミカル隊でした。

私たちはＣ２からプッシュを出すわけですけど、アミカル隊は、彼らも無酸素ですからＣ２からはちょっと厳しいので、私たちより１日早く出て行って、１日早い行動をして、私たちがＣ２入った時にＣ２に入ってました。そこから、彼らはＣ３に入って、登頂するという作戦に出たそうです。

ほかに、酸素を吸って、Ｃ２から出たチームもいたんですよ。

まず、私たちがＣ２に着いた日にアミカル隊がＣ２からＣ３に向かって上がっていくのが見えました。彼らは、雪は大して深くはないけれども、踏んで行ったんだと思うんです。

翌日の夜中の1時に私たちがC2を出た時には、彼らの足跡を追って、私たちは、C2からC3まではちょうど3時間。C3に着いたら、まだ、アミカル隊はみんないたんですよ。1日早く行ったのに。そこで、私たちは、ちょっと休憩して、彼らが動き始めたのを見計らって、私たちも行ったんです。

そしたらねえ、C3から15分ぐらいのところで、アミカル隊のシェルパが「これ以上行くと雪が深くて登れない」「ロープもないから帰る」って降り始めたんですよ。

私たち「何を言ってるんだろ」と思ってました。

雪が深いっちゃ深いけど、決して行動できないような深さじゃないし、ロープがないったってロープがないことは予め《あらかじ》分かってることであって、今更降りるって何を言ってるんだろうと思ったんです。

シェルパが行かなければメンバーが登れませんから、メンバーたちも降り始めちゃったんで、シェルパに「いや、決して雪は深くはない」って言ったんです。そしたら、ロックバンドに韓国隊が残置したロープがあるはずなんですけど、この雪ではそれを見つけられないって言うわけですよ。まだ近付いてもいないのに見つけられないってことはないし、だったら私たちが先に行くから後ろからくればいいよって言ったんですよ。でも、結局、シェルパが降りちゃって、それに引かれてメンバーも降りちゃったんです。

8人ぐらいの隊だったのかな。もう、全く不可解で、「まあ、いいや」と思って私と中島さんで登ってきました。

ロックバンドが出てきたんですけど、まあ、本来は、そこは、C3から頂上直下までロープがベタバリされるとこなんですよ。ところが韓国隊たちは、自分たちが登るためだけにロックバンドに1ピッチ半ぐらいしか張ってなかったんです。

結局、シェルパとしては、ロープが張ってあってこそ、クライアントも登れるだろう、その方が安全だろうと判断したんでしょうね。クライアントたちの様子を見て、そう判断したのか。自分たちで判断したのかは、分かんないんですけど。まあ、降りちゃったわけですよ。

私たちと一緒に、C2から酸素吸って登ったチームもC3までは来てましたけど、多分、C3で降りちゃったんです。きっと上からアミカル隊のメンバーとシェルパが降りて来ちゃったから、一緒になって帰っちゃったんでしょう。

中島さんは順調でした。

彼は順化に時間が掛かる体質なんですよ。ですが、順化しちゃったら強いですよ。若いですしね。私よりも余分に持ってるのは、ロープとビデオカメラ。でっかいレンズの付いた一眼レフカメラ。私の倍以上の荷物担いでましたから。相当重たいですよ。

そういう重たい物も持ってしまうと何だか分かんなくなるんですよ。ただ、やっぱしその重さによる疲労っていうは、蓄積されていくってのはあります。重いより軽い方がいいんです。少しでも軽くしようとしてるわけですからね。

韓国隊

韓国隊が登頂したのは、1週間前、23日なんですよ。

韓国隊のメンバーの中には、去年来てた人も何人かいました。やっぱし、去年、今年って来てるんですよ。去年の天気と同じサイクルで、天気はこのままならまた悪くなるだろうということで、彼らは早く入って来たんです。実際、その通りで前半は、天気良かったんですよ。それで後半から崩れちゃった。

ですから、彼らは、23日がチャンスだと。23日以降は悪くなって、そのままチャンスはないかもしれないみたいなことを結構早い時点で言ってたんです。実際、その通りだったんですよ。私たちも23日も良いだろうなあと思ったんですけど、順化が間に合わなくて、最短で25日とか26日ぐらいと思ってたんです。

ほんとに彼らの言うとおりで23日は良かったんですよ。ただ、下から見てた限りでは、かなりギリギリの天気だったんです。天気は良かったんですけど、上は雪煙が上がってて風が出てたんです。彼ら、酸素使ってたんで、酸素使ってれば、何とかやれる範囲だとは思うけども。無酸素だとちょっとギリギリかなっていうような天気でした。

彼らは、その23日に合わせて上がって、24日にベースに降りて来て、25日に撤収して帰っちゃったんです。そしたら、25日夜半から大雪。ほんとにね、彼らの予想は全くその通りっていうか。ぴったしでした。それから、ずうっと天気が悪くって、ずうっと待ってて、私たちは韓国隊の1週間後の30日に登頂したんです。

彼らの登頂から1週間も経っちゃってるんで、ルートは全部雪に埋まっちゃってるし、降りて来た韓国隊からロックバンドには1本半ぐらいしか張ってないとは聞いてました。

普通は、その上も張るんだけど俺たちは、張ってないと。だからロープを当てにしては駄目だと。それをシェルパも知ってるわけですよ。なのにそういう行動が起きたんで。不可解でしたね。韓国隊は、5人ぐらいいましたね。やっぱシェルパも何人かいて凄く堅実な登山してましたね。なんか記念行事的な登山だって言ってましたね。

C2から

C2出る時に、雪はそんなになかったですよ。入ったときもC2のテントはたたんで埋めてあったんですが、そんなに埋まってなかったし、大して積もってなかったですよ。

ベースキャンプで凄く降ったんです。だから、上でも凄く降っただろうっていうような雰囲気と、もうシェルパたちが帰りたいから、上から降りてきたシェルパが「C1でこんなにあった」とかって言うわけですよ。ですが、行ったら、雪はそんなにもない。そういう駆け引きは、いろいろあったと思います。

下から双眼鏡で見てても明らかに雪の表面の光り具合見てもね、そんなに積もってるようには見えなかったんで、私たちはあんまりその辺の話は、信用してなかったです。

雪崩の心配は、まあ、許容範囲でしょうね。

去年の7700メートル辺りの、その雪崩の状況のとこは、何の痕跡もないっていう感じでした。ただの斜面だけでした。全然崩れた跡もない。なんもない。去年の雪崩が嘘みたいでした。

これは、やっぱし去年は、1回モンスーンが終わった後にもう1回モンスーンが来て積もったというか。今年は、まあ、積もったとはいっても、通常の積もり方をしてるんで、動いてない。圧着されてる普通の斜面なんで、雪崩の危険性というものは、殆ど感じなかったですね。

基本的にはチョー・オユーは、天候が荒れるとか雪崩がなければ頑張れる山だと思います。まあ、ただ、公募隊の人たちになるとロープがないと追って行けないし、戻って来られないっていうか、登れても下りが怖いみたいになっちゃうわけですね。

我々であれば、もし、なければ自分たちでロープを出せばいいことなんです。そのために、時間は掛かりますけど、それだけですから。ロープは、30メートルのを1本。中島さんが頂上まで担いで行ったんです。でも、ロープが必要なこともなく。ラッセルもそんなになかった。

時々、ズボッって潜ったりするんで、そうすると、そこで立ち止まって息を整えたりする時間があって、そういうのも積み重なって、時間がそこそこかかったんです。

登頂するまでは、天気も、体調も良かったんですよ。順調でした。

本来は、10時間ぐらいで行きたかったんですけど、先にだれも行ってないっていうこともあって、ちょっと時間がかかりました。中島さんは私より早かったです。そうはいっても、中島さんもスピードは出てなかったですね。行動時間が長くなれば長くなるほど、だんだんだんだんスピードが落ちてきますから。時間が長くなって、更に遅くなって、長くなって遅くなって、悪い循環になっちゃうんですね。それで加速度的にスピードが落ちていきます。

頂上台地

旗竿は、C2から頂上に行く時に持ってってたのは3本ぐらいです。まあ、どっかに必要であれば挿そうかとは思ってましたけど、特別必要ないだろうと思ってました。

天気は良かったし、風もあんまりなかった。猪熊さんの予報通り、気温は低かったですけど、天気は結構良かったですね。すげえ寒かったってだけです。プラトー（台地）に出るまでは風も殆どなかったんですけど、頂上台地に上がってから、風が当たり始めて。

その風っていうのは、そよ風程度なんですけど、凄い寒かったですねえ。過去、一番寒かったのは、ローツェでしたが、それにしても、チョー・オユーも結構寒かったですね。

途中、目印の旗は挿しては行かなかったですね。もうね、非常に明瞭なルートでしたから。斜面を行って、ちょっと稜線に出て、ちょっと行くとまた斜面になって、で、台地に上がってひたすら真っ直ぐに行く、そんなコースでしたから。あの台地はそこに出ると端まで2キロぐらいあるらしいんです。よく2キロとか言われるんですけど、どこからが2キロなのかは、分からないんですけど、まあ、それなりに結構距離はあるとは思うんですね。そこは平らじゃなくて、傾斜があるんですよ。

でもまあ、下から行くと左の方にちょっと丘みたいな、まあるいちょっと高いところがあって、そこが頂上に見えるんですよ。でも、ドンドンドンドン登って行くと稜線の先の方がより高くなっていて、最初のポコッと見えたのがずうっと下になっちゃう。雪は誰も踏んでないんですが、でも、そんな柔らかくはないですよ。やっぱし風でとばされていて、固いところがあったりズボッって潜るところがあったり。

1歩2歩は、普通に歩けて、次はズボッと潜って、それが嫌なんですよ。それを繰り返して歩くんです。中島さんが先にいるんですけど、中島さんの歩いたところを踏んだからといって潜らないわけでもないし。

頂上からは、エベレストとね、ローツェが見えましたね。この山では肩越しにエベレストとローツェが見える写真を撮ってこないと登頂証明になんないんです。だらっとした山なんで、手前で帰った人はいっぱいいるわけですよ。それでも頂上だと言えば頂上なんですけど、やっぱし基本的には、この縁《へり》まで行くというのが、まあ、私たちにとっては、ルールで。それで2時間ぐらい掛かったんです。

この縁まで行かないとエベレストとローツェが見えないんです。

韓国隊が登った時の話では、今年は、雪庇が凄くでかくなってて縁まで行くのが危険だと。で、エベレストとローツェを見るとこまで行くとなんか危ない。我々は、頂上まで行ったんだけど、かなり危険だと判断したみたいな事を言ったんですよ。それで、登頂の証拠に、頂上に酸素ボンベは置いてきたって言うんですよ。

その話を覚えていたので、ずっと登って行ったら、中島さんが座り込んでたんで、追い着いたから、「ここが頂上なのかな」と思ったんです。そこが僅かに上がってるから、すぐその先が縁になってるように見えるんですよ。縁の所まで来てて、縁まで行くと危ないっていうのは、これのことかと。それで、ここが頂上かと思って、「おめでとう」ったんですよ。そしたら、中島さんが「いやいや、まだ先ですよ」と言うんですよ。それからまた歩き始めて、それからずいぶんまた掛かったです。

GPSは常に出せる状況ではないし、頂上の正確なGPSの位置情報てのはないんですよ。誰かがとってくるわけですけど、じゃあ、その数値が正しいかどうかは、それも分からないんです。衛星写真での地図を見たら、頂上が確かに尖ってるなら分かりますけど、そんなだだっ広いと何処が頂上なのか、ちょっとわからないんですね。

韓国隊の置いていった酸素ボンベは、なかったんですよ。幅ありますから、何処だか分かんないわけですよ。ただ、そういう意味では、やっぱしエベレストとローツェの写真を撮ってくるってのが、まあ、一番合理的なんです。ですから、台地の上を歩き回りましたよ。

頂上着いた時は、あまりにも寒いから中島さんに「写真撮らなくていいから、サッサと降りよう」と言ったぐらいでした。

頂上では分厚いミトンを脱いで、マムートの一番薄い手袋になって写真を撮って、電話もしました。でも、フードは脱げなかったですね。寒くて。だから、頂上の写真、フード被ったまんまなんです。過去ね、大抵、フードは脱いで写ってます。

それで私が降り始めたら中島さん、「あ、旗ですよ。旗」と言ってくれたんです。「あ、そうだ」と、頂上まで戻って、それで預かってきた旗の撮影したの。

いなほ保育園から預かって来た男の子と女の子の2枚でしょ。あと去年のでしょ。『ヤングジャンプ』から預かってきたのもあって、4枚旗があったわけで。これは、撮らなきゃいけないっていうことは重々承知だったので、ベースキャンプで練習をしたんですよ。内ポケットに入れといて、すぐ出せるようにって。ちゃんと練習をしておきながら忘れてたんです。中島さんが気付いたんですが、一瞬、どうしようかなって思ったんですよ。寒いから。なくてもいいかなあとか思ったんですけど、いやいや、やっぱ撮らなきゃいかんと思って引き返したんです。

それでもう12時過ぎてる。

頂上に着いたのが12時21分。で、頂上を後にしたのが12時41分。20分の滞在、まあ、長いんですね。何故12時41分を覚えてるかって言うと頂上に12時21分に着いたというのは見たわけですよ。で、一通り終わって、もう1回見たんですよね。私は、10分ぐらいのつもりでいたんですけど、41分だったから。

20分も経ってるんで、「もう、12時41分だよ」「早く下りよう」って言ってる映像があります。台地では、2時間掛かって端まで行きましたが、下りは早いですね。やっぱし平らじゃなくて、下がって行くから。

帰り道がわからない

そこからC2に下るのに、私が、ひとりだけ迷ったんです。

頂上から下り始めて、中島さんが先に行って私が後を追いかけてたんですけど、頂上から台地を行って、クッと降りるわけですよ。中島さんが先に降りて行ったわけです。背中がその傾斜に消えていくのを私は見ている。ま、そんなに離れてないですからね。で、私も、その傾斜を降りる口まで行ったんです。トバ口までね。

そしたら、中島さんの足跡が右の方にトラバースしていくように見えたんです。帰りは自分たちの足跡を、ただ追いかけて帰ればいいわけなんです。朝の足跡が残ってますから、そのまんま帰ればいいんですけど。それが、私には、どうも中島さんが正確なトレースを外して右に行ったように見えたんです。しかも、そこが凄い急だったんで、来た時にこんな急斜じゃなかったような気がするんです。

中島さんも降りた所で気が付いて「あ、もっと右だ」と思って、こう右にずらしたしたんじゃないかと思ったんですよ。

そこで私は、そのまま中島さんの跡を行くって方法もあったかもしれないんですけど、それじゃ2人とも間違えちゃうと思ったんで、一旦戻って、下から自分が登って来た足跡があるわけですから、そのところを、水平に移動したらどっかで交わる筈だと、思った。交わる筈だと。

なので中島さんが右に行ってるから、もっと上から右に行かなきゃいけなかったのを上で左の方に行っちゃったから、右にこう行こうとしてるんだと思って、その縁のところで一旦止まって、そこで右にトラバースし始めたわけです。そしたらば、正しいルートは、下から来てるはずだから朝の踏み跡と交わるだろうと。

そこを降りて行けば中島さんが遠回りして来ても、まあ、変なところから降りて来ても分かるからこっちに呼び寄せられるだろうって。

ところが、右に行っても、下から上がってくる足跡がないわけなんですよ。自分たちが朝上がって来た足跡がないんです。

これは、おかしいと思って、もう1回、さっき中島さんが消えたとこまで戻ってみたんだけど、やっぱしなんかおかしいと思って、今度左の方に行ってみたんです。それで斜面のどん詰まりまで行っても足跡に交わらない。

もしかして中島さん、気がついて上がってくるかなと思ったんですけど、そうでもないから、やっぱし中島さん、こっちに行ってなんかやってんのかなと思って、更に右の方に行ったんですよ。さっき行ったよりも、もうちょっと右行ったら、下から上がって来たトレースがあったんですよ。

「あっ、これだ」やっぱし右だったと思ったんです。

上の方で左に外して、こっちで右に、本来右から上がって来てね。だから、このトレースが正しいルートと思ってそのトレースを降り始めたんですよ。ドンドンドンドン。明らかにトレースがあって、ロープが出てきたんですよ。

でもね、そのロープは、朝はなかったんですよ。

だから、多分、これは、古いルートじゃないかと。過去のロープの残置で、朝は、気が付かなかったけど、ちょっとずれてるけど、行く先は、同じまともなルートと思ってました。なんかちょっとおかしいなとは思いながらも、まあ、これしかないから降り続けたんです。

今日は我々しか上がって来てないから、これは、そのトレースだぞと思って、もう何にも疑わずにドンドンドンドン降りて行ったんですよ。でも、やっぱし何か違うんです。

やっぱし朝来たルートとは違う。このロックバンドには過去の残置があって、それなんじゃないかと思いながら。でも、どっかで交わってるはずだと。

中島さんは、下にいるか上にいるかは、分かんないけど、どっちにしてもどっかで見えるところに来るんじゃないかと思って降りてたんです。もう、今から登り返すわけに行かないから、ドンドン降りて行ったんですよ。

そしたら、テントの跡とか、ゴミとかあるんですよ。でも、「何か変だなあ」、これ撤収した跡なのかなあとか思いながら、降りてたんです。

まあ、それはみな思い込みなんですね。頭も大分やられてたんですね。それでも、降りてったんですよ。

でも、いよいよおかしい。本来だったら、もうC2見えてきてもいいはずなんです。地形も凄く似てるんですよ。でも、なんかおかしい。

実は、中島さん見失った時点で中島さんの電話には何回か電話したんですよ。でも、中島さんの電話には、電源が入ってなかったんで、出なくて、それで降りて来ちゃったんですね。で、もう1回ね、中島さんに電話をしたんです。そしたら、中島さんが出た。

「中島さん、今、どこにいるの」と言ったら、中島さんが、「え、今、C2に着きました」「竹内さんは、どこにいるんですか」って言うので、おかしいと。これは、違うルート降りたって思って、「いやあ、俺ねえ、違うとこ降りて来ちゃったみたいだ」って。「自分がいるところがC2だと思ってるもん。ここ」って。実際はそうじゃないんですけどね。

もう撤収された跡のような感じがするだけなんです。もうすぐC2だと思ってたけど、もう明らかにこれは間違ってたんです。

「でも、なんかねえ、踏み跡があるんだよ」と言ったら、中島さんが「だったら、もうそのまま降りて来た方がいいんじゃないんですか」って言ったんですよ。で、「ううん」って思ったんだけど、「ほんとに、これ踏み跡かな」とか思い始めて。で、更に降りてって、この先、壁になってるかも分かんないから、「これは、駄目だなあ」「もしかしたらね、尾根の向こうなのかなあ」と思いながらも「いやあ、どう考えてもこの先どうなってるか分かんないから、俺、登り直すよ」って。そしたら「登り直せますか」って聞かれたんで、「いや、まだ大丈夫だと思う」って登り直し始めたんですよ。

で、だんだんだんだん日が暮れ始めてきて、登り直し始めて暫《しばら》く行ったところで日が暮れ始めたんです。それがね、素晴らしい夕焼けなんですよ。すっごい綺麗《きれい》な夕焼けだったんですよ。時計見る暇はなかったんですけど、「これ中島さんに電話して写真撮っとくように言おうかなあ」と思うぐらい綺麗でした。まあ、でも、それはさて置いて、今降りて来た足跡を追いかけて登り直して行ったわけですよ。

そしたら、またフィクスロープが出てきて、それも登り直して、迷ったところまで戻ったんですね。

多分、道を見失ったところで8000メートルぐらいなんです。そこから、8000から標高差ですと300から400メートル降りちゃってると思うんですよ。で、間違いに気が付いて登り直して、更にトラバースして元のとこへ戻ったんですが、途中からすっかり真っ暗になっちゃった。でもね、時計見てないんですよ。もう、そんな暇はないんです。で、その戻ったところでもう1回中島さんに電話をしたんです。

そしたら中島さんは、まあ、迎えに来ようとして、C2からC3に登って、更にロックバンドの下まで来てたんです。中島さんが電話で「もしかしたら直ぐ近くにいるかもしれないから、ヘッドトーチを点滅させてくれ」と言うんですよ。で、こうパカパカしたんですけど、こっち見えない、向こうも見えないです。結局は、とんでもなく離れちゃってたんですね。そんなの見えるどころじゃなかったです。

その時は、もしかしたらって思いましたけど、「いや、中島さんねえ、俺たちねえ、多分ねえ、お互い全然違うところにいてねえ、全く違うとこ見てるんだと思うよ。多分」「俺ねえ、まだ8000メートル台だと思うもん」って話をしたんですよ。

そしたら、中島さんも「えええっ」とか。それで「俺、今、とにかくちょっと降りて行くから」って言って中島さんに話をしたんですよ。中島さんは、中島さんで、頂上へ行って更に登り返して来てヘロヘロになってて、そこで寝ちゃったらしいんですよ。もう、これ以上動けねえ、みたいな感じで。

私もウロウロしたんだけど、結局、分かんなくて、で、もう、駄目だと。

明るかった時にトレースを見失ったんだから、こんな暗くなってヘッドトーチなんかの光で見つけられるわけがないと。だから、もう明るくなってから動くしかないと。

体力的には、登り返してきて疲れてましたけど、後は下るだけだと思ってましたし、まだ大丈夫だろうと。天気は良かったですし、頂上台地から降りて風はもうなかったので、そんなに寒くはないんですよ。まだ水もあったし、食べるジェルもあったし。ヘッドトーチのバッテリーは、まだ余裕があったし、衛星電話のバッテリーも予備があったんで、そんな切迫した感じは何にもないんです。危機感はないんです。

もう間違えた分を登り返して、間違いを今取り戻したと。あとは、正しいルートさえ見つければ、夜通し歩いても降りられるっていう。だから、正しいルート探さなきゃいけないっていう状況だけであって、そんなに悲壮感もないんです。

それで、今日は、どっかにビバークしようと思ったんです。ただ、まだそこは、8000メートルぐらい。まだ台地からちょっと降りたところだから。とにかくビバークサイトを探そうと。探すためには1メートルでも標高下げようと思って、ルートを探すためじゃなくって、最初に迷った急斜面を無理矢理降りて行ったんですよ。ドンドンドンドンドンドンドンドン降りて行ったわけです。

そしたら、斜面のところで開いたクレバスがあって、そこ覗き込んだら中がこう抉《えぐ》れてて、底はしまってたんです。ここならまあ、寝られそうだと。上から何か落っこって来ても上を飛んでいくし、風も避けられるし、ルートからもそんなに大きく外れてないだろうから、今日は、ここでビバークして、朝を待って何とかしようというようなことを考えたわけですよ。それで、そのクレバスに入ろうかなあって思った時に、右の方を見たわけなんですよ。

そしたら、今までは、ツルッとしてた斜面をずっと降りてきたんですけど、そのヘッドトーチの光の向こうに斜面とは別に縁《へり》が見えたんですよ。向こう側に出る縁が。

今までは、ただの斜面しかなかったのが降りたら、間に尾根が出てきたんですよね。縁を見て、あれはちょっと見覚えがあると。朝、登って行った時にこういう斜面からここに登って今度こっちを来たのにちょっと似てる。そんな離れてなかったんで、向こう側をちょっと覗いて見ようかと思ったんです。で、そこまで行って向こう側の斜面を、こう覗いたんですよ。そしたら、そこに足跡があったんで「これだ」と思って降り始めたわけですよ。

これは、間違いないだろうと思ってドンドンドンドン降り始めて行ったら、ロープが出てきたんですよ。

ここで私が大きな混乱を起こすわけですね。

朝にそのロープはなかったんです。間違いなく。韓国隊が張ったロープは、ロックバンドだけで、その上の雪の斜面にはロープはなかったんです。確かにそこにあるのは私たちの足跡なんだけど、朝、登って来た時にそのロープは、なかったんです。

で、「ヤバイ」と。さっき最初に間違えたところにまた来ちゃったんじゃないかと。この足跡は、俺の足跡じゃないんじゃないかと思ったんです。ぐるっと廻って戻っちゃったんじゃないかって思ったわけですよ。

「いやあ、これはどうした事かなあ」と思って。そこでかなり悩んだんですよ。

これは、やっぱしさっきのところへ戻ってビバークするべきか。それにしても、かなりもう降りちゃってるんで、このまま降りるか。

このロープだって誰かが張ったんだから降りられるだろうと。でも、さっきは、それで変なとこ行っちゃった。間違いなくその先降りられそうじゃないと思ったわけですよ。だから、どうしようかなあと思ったんですけど、もうここで何やってても駄目なんで、どっか行きゃあ、人間どももいるだろうと思って。もうそのロープを使って降り始めたんですよ。ドンドンドンドン。でも、なんかおかしい、おかしいと思いながら降り始めた。でも、さすがに疲れて来ちゃって、ちょっと寝ようと思って、そのロープのブランクのちょっと平らなとこで座って寝たんです。

で、寒くなって目が覚めて、また歩き始めて、疲れたらまた座って寝てってなことを繰り返したんですよ。で、あるところでぐーっと寝てたら、寒くて足踏みしたりもしてたと思うんですけど、なんかね、光がチラチラチラチラするんですよ。

まあ、実はそれ以前に、もう大分幻覚とか見てるんですよ。

夢っていうか幻覚っていうか、なんかよく分からないんですけど。「ああ、C2に着いた。着いた」みたいに思ったり、「ああ、違った」みたいなのは、何度も見てるわけですよ。で、そのなんかチラチラするのも、まあ、夢か幻覚かなんかかなあと思ったわけですよ。幻覚にこう浸かっちゃってんじゃなくて、「ああ、またなんか幻覚見てる」「夢見てる」みたいな感じなんです。なんかチラチラしてるから、またそういうのかなと思って、もう1回見たら、人がいるんですよ。私の顔へヘッドトーチを照らしてるんですよ。それがベースキャンプでちょくちょく会ってるシェルパで、「ヒロ、おまえ、こんなところで何やってるんだ」って。「おまえこそ何やってんだ」ったら、「俺たち、もうプッシュに上がって来てんだ」って。もう翌日になっていて、彼らはプッシュに上がって来ちゃってたんです。

私たちは、9月30日に登頂して、彼らは10月1日にプッシュを出した組だったんですけど。それが、上がって来たんですよ。

結局、その位置がねえ、ロックバンドのちょっと上だったんですね。「俺たちは、これから頂上に行こうとしてるんだ」って、彼の後ろに、いっぱい光の帯が来るわけですよ。それで、「いやあ、俺ね、下りで道を間違えちゃって変なとこ降りちゃって、戻って来て、ようやく見つけて、今、降りて来てるとこなんだよ」って。「だけどね、朝はこんなロープなかったんだよ」「それで、俺、いろいろ考えちゃってさ」とか言ったら、「このロープは、おまえたちが頂上に行ってる間に俺たちが張ったんだ」って。クライアント上げる為に、1日早く出て、私たちが登頂してる間にシェルパが張ったものだったんです。

「おまえ、こんなとこに寝てないで早く降りろ。おまえのパートナーが下でおまえが帰って来ないって大騒ぎしてる」って。中島さんは中島さんで、下のロックバンド辺りでロープにつかまって寝てるってことを教えてくれたんです。

それで「ここ、どこ」って言ったら、あと、1時間も歩けばC3で、3時間も歩きゃC2が見えるから「動け、動け」って言うから、「そうする」って、またそこから起きて歩き始めたら、もう、富士登山みたいに後ろに人がゾロゾロゾロゾロいるんです。そこの間を「ちょっとすみません」って言って降りたんです。

みんなが聞くんですよ「おまえ、どっから来たんだ」「いやあ、頂上から来ました」ったら、「はあ?」、みたいな。

さっきまでひとりで、あんなに迷ってたのが嘘だったのかなあ。夢だったのかなあ、みたいな感じですよ。ロックバンドの下からドンドン上がってくるから順番待ちして、「ちょっと待ってえ」「すみません」って。で、C3越えて、ドンドンドンドン降りてったんですよ。C2からは、そこそこ荷揚げやシェルパが上がって来てて。C3は、もうその人たちの為にテントが張ってありました。多分、その時点で夜中の12時ぐらいです。

もう一つの不安

行動開始してほとんど24時間に近い。まあ、多分もう日付変わったのかな。1時ぐらいなのかなあ。C3越えてC2からも何人かシェルパが上がってきてましたよ。さすがにそこで疲れちゃって、ま、ちょっとまた寝ようと思って、座って寝てたんですよ。ちょっと平らなところで。それで、ハッと気が付いたら夜明けでした。綺麗な朝焼けでしたが、でもね、視界がぼんやりしちゃってるんですよ。よく寝ちゃったなあと思って、目をこすってもなんかぼやけたままなんです。要は、低酸素と水不足で目がぼやけ始めちゃってるんです。「あっ、これはヤバイや」、早く降りなきゃと思って、立ち上がって、よーく見たらC2が直ぐそこに見えてて。なあんだ、早く降りれば良かったって。「30分か40分行きゃあ、もうテントだったのに」と思いながらも。でもまあ、その時はね、真っ暗だから見えなかったですね。で、ヨロヨロヨロヨロ降りて行ったんですが、C2は、テントが何十張もあるんですよ。そのテントの中に人がウジャウジャいるんです。やっと自分たちのテントがあったので、「中島さーん」って言ったんだけど、返事がないんですよ。「やべえ、もしかして上にいるのかな」。俺のこと待って、どっかにいたのかな。暗くて気が付かないで置いて来ちゃったかなあ。やべえ。また迎えに行くのやだなあ。どっかで気が付いてくればなあと思って「中島さーん」ってもう1回言ったんだけど返事がないんです。いよいよこれは、上にいるか、私を見捨てて降りてしまったかどっちかだと思って。テントの側に行ったら、汚い話ですけど、吐きたてのゲロがテントの側にあったんで、ああ、いるなと思いましたよ。そしたら、中島さんが「ああ、帰って来た」って出てきてくれて。それからテントの中に転げ込んだんです。中島さんが雪を溶かして水作って待っててくれたんで、いっぱい飲んでね。もう血流が悪くなってますから、ずいぶん飲んで、寝ようとしたんですよ。だけど、ハッて気が付いて、「中島さんねえ、俺ねえ、ちょっと右足ヤバイような気がしてんだよ」と言って。

靴を脱いだんです。左足はかなり冷たくなってましたけど、大丈夫だろうなあと思ったんですが、右足の指先が紫色だったんです。凍傷《とうしょう》になってんですよ。でも、私が「これなら大丈夫。これは、大丈夫」って言ったら、中島さんが「えっ、それが何故大丈夫なんですか」みたいな顔をしてました。それから乾いてる靴下に履き替えて、お湯湧かして貰って温めて、アスピリン飲んで、そのまま湯たんぽを作って貰って、足に当てて、３、４時間、寝たのかな。痛みは出ないですよ。感覚はもうなくて、冷たーくなっちゃってるんですけど、水をドンドン飲んで、保温して。中島さんもかなり疲れてましたけど、水を作ってもらって、水を飲み続けて、寝て、暫くしたら、目が見えてきましたね。

　で、中島さんに「いや、俺ねえ、目もちょっと靄《もや》かかっちゃってるし、足もこれだし、これは、暫くするとねえ、水泡出てくるかもしれなくて、水泡出ちゃうと靴履けなくなっちゃうから、中島さんも相当やられてるから、すぐ降りよう」って、そこから全部撤収して、フル装備背負って降り始めたんです。中島さんの方が背負ってるんで、「ウウッ」とか言いながらでした。私は、ゴホッゴホッゴホッなんて咳きこみながら、牛歩戦術でした。中島さんが先にＣ１着いたんですが、その時点で日がちょうど落ち始めてました。で、中島さんは、自分も辛いし、私もかなり疲れてるからＣ１へ泊まった方が良いんじゃないかと思って、Ｃ１のテントを畳まないで私が着くのを待ってたんですよ。私は「いや、降りよう」って言ったんですが、中島さんは、「いやあ、結構厳しいんじゃないですか」「荷物ここ置いて、明日、もう1回、荷下げに来ませんか」とかって言ったんですけど、「いや、もう絶対来れないから」って。それでとにかくゴミから何から全部背負って、もうゆっくりでも良いからベースに降りようって。

空身《からみ》だったら、C1から2時間ぐらいで帰れるんですよ。でも、私たちはC2撤収して、C1撤収してフル装備ですからね、中島さんは、ちょっと歩いたらゲーッとか吐いてて、私も噎《む》せて噎せてヘロヘロになってお互いにもうヘロンヘロンになりながら歩いたんです。もう、勿論真っ暗だから、ずっとヘッドトーチの灯りが頼りです。結局、C1から6時間ぐらい掛かって、ベースに着いたのは、もう夜の11時半ぐらいでした。

サミットプッシュ出した日は、私は、夜中の1時に出て、C2に帰って来たのが翌朝の7時だったので30時間。2、3時間寝て、そこから動き出して帰ったのがその日の夜の11時でした。ほぼまるまる2日間動きっぱなしで、頂上行ってベースまで還って来たんです。

ベースに着いたら、その日に帰って来るってことは、ちゃんとキッチンに言ってたんですけど、ま、「晩ご飯までは帰ってくるよ」と言って出てたんですけど、私たちが全然帰ってこないから、全員寝てたんです。それからキッチン叩き起こして。お湯湧かして貰って、足温めて、お湯飲んで。ご飯作って貰って食べたんですけど、中島さんは食べながら寝てました。それでも次の朝は、もう普通に起きてきました。その時は、足は水疱も、まだ出てこなかった。対処が早かったんで水疱出なかったんです。後片付けして、3日目に撤収して、普通にトレッキングブーツ履いて車んとこまで歩きましたよ。

車に乗ってカトマンズまで帰って来たんですが、カトマンズで水疱が出始めたんですけど、そんな大きくなかった。水疱が潰れなければ、そのまま日本へ帰って病院へ行こうと思ったんですけど、カトマンズにいる間に水疱が1個潰れちゃったんで、カトマンズのクリニックに行って、消毒して貰って抗生剤飲んで。アスピリンは飲んでたんですけど、イブプロフェンに変えて。その病院はフランス人がやってたのかな。で、患者はみんなカトマンズにいる外国人なんです。もしくは、ネパールのお金持ち層。毎シーズン、凍傷になった人が山のように来るわけですよ。大抵の場合は、切るような凍傷になっちゃってから来るんです。進行しちゃって。でも、私のはレベル3で治まってるっていう判断で、「どういうふうに対処しましたか」って、「こういう対処しましたよ」ったら、「あ、それは、とても良くできました」。ちょっと時間掛かるかもしれないけど、ちゃんと治る凍傷だから心配しなくていいですよって。で、まあ、消毒して、で、どこかにぶつけても良いようにこうクッション入れて、包帯をグルグル巻きにしてもらいました。

カトマンズにいる間は、そこで用意して貰ったサンダル履いて何のこともなく普通にあっちこっちウロウロウロウロしてました。普通に生活してました。

日本に帰って来たら、空港から直接東京医科歯科大の柳下先生のとこに行って診て貰って、先生も「あ、これは、多分大丈夫でしょう」ってことで、で、翌日から高気圧酸素治療室（酸素をたくさん身体に送りこむことで、ダメージを受けている組織を回復させる治療法）にすぐ入って。抗生物質はねえ、その後も日本へ帰って来てから1週間は飲んでたのかな。まあ、久しぶりに疲れましたね。柳下先生はガッシャブルムⅡ峰の雪崩のときにも治療、手術していただいた先生です。

「非常に冷静でしたね」

ジェット機のドアを開けて出たら、10分も持たないだろうという高度で、30時間にわたって歩き回ったのだ。8000メートル台から300、400メートル降りて、再び登り返す。それも真っ暗な中。見えるのはヘッドトーチの小さな灯りの円の中。広い台地の縁から、自分たちが朝登ってきた場所を探すのだ。

そうした登り口を見失わないために、目印となる旗竿も背負っていたし、竹内はコースをチェックするGPSも持っていた。以前の登山でもホワイトアウトしたときに、登りながらポイントを打ってきたGPSで無事に帰ってきたこともある。そうした道具を今回は使わなかったのだろうか？

「GPSは持ってってたんですよ、ちゃんと。でも、ポイントを打つのはやってなかったんです。もうね、行きが余りにも明確過ぎちゃって。単純だったんで。しかも自分の足跡があって、帰りもそれただ追っかけてくればいいんですから。そう思ったんです。

降り口が分かんなくなるかもしんないっていうんで旗持って行ったんです。そういう意味では、いろいろなミスはあるんですよ。今思えばあそこは、ああすれば良かったみたいなのがいっぱいあるんですけどね。まあ、何事もなきゃ、それまでですしねえ。難しいとこですね」

竹内はこう反省していた。迷ったと分かって、台地を行き来し、上り下りし、再び自分の足跡にたどり着いてしまった時の気落ちは想像に難くない。素人考えで、少し酷だが、その時にもう一度旗竿を使うつもりはなかったのだろうか？

「もうそんな余裕はなかったですね。とにかく、間違えたんだから戻らないといけないと。戻って、そこでまた新たに考えるしかないわけですよ。だからそういう意味では、間違えた所から、間違えた分をとにかく取り戻さないことには、ゼロに戻らないでマイナス状態なわけですから。まず元へ戻らなくてはならないというのは、単純明快なんで、自分で言うのも何ですけど、非常に冷静でしたね。別に危機感もなく。電話があったっていうのも勿論ありますけど、危機感も緊迫感もなくって、もう失敗を取り戻すのが精一杯で。まあ、体力があったせいもあるとは思います。決してね、あ、このまま駄目かなって感じはなかったですね」

その冷静さには中島も驚いていた。

「電話の声が全く屈託なく元気なんでなんか拍子抜けしました。何処にいるんですかと聞いたら、何処にったたってねえ。登り返すわ、みたいな言い方でしたから。でも、やばいなあとは思いましたよ。ぼくは結構危機感はありましたよね。このまま連絡がつかなかったらどうすればいいんだろうって考えました。ぼくもやっぱりヘロヘロやったんで。まじかー！　って感じでした。でも電話がありましたから」

あの時、中島は迎えに出ている。その後テントに引き返したが、その理由はこうだった。

「ぼくも吐きながら登り返してて、迎えに行ったんですが、結構辛かったですね。ぼくもロープのところで寝てしまって、かなり冷えてしまって、ここで待ってたら、やばいなと思って……体力があるうちにテントに戻らないと、と。戻ったんですよ。シェルパたちが来たので、まあルートはわかるだろうと思って。あのロープは前日に張ってたんです。ぼくが降りて来たときにはもう張ってて、もうルートがだいぶ伸びてるなという感じだったんです。それで竹内さんは迷ったんですね。暗闇で、あのロープですからね」

それにしても、あの状況で、竹内はよく登り返すという決断をしたものだ。8000メートル台の低酸素の中で、既に長時間歩き回っていたのだ。

「その300メートルか400メートルをもう1回登るというのは、もう死ぬほど嫌なんですよ。だから、やっぱし楽な判断をしたくなるわけですよ。降りながら軌道修正しようとかっていうようなふうになっちゃうんですよ。月は、出てなかった。真っ暗でした。方角のことは、そこまでは、もう考えてなかったですね。まあ、今回は、結果的には良かったわけなんですけど、その、戻るっていう行為っていうのは、考えてみれば基本なわけなんですよ。今までの長い登山史のなかで、基本中の基本とされてることなんです。なので、私が戻ったって、ごく当たり前の判断であって、別に特別のことでもないし、ウルトラCでもない、英断でも何でもないんですよ。ただ、やっぱり登り返すっていう判断をするっていうのは、非常に難しいですね。そこで楽な判断をしてしまっていると恐らくどっかで行き詰まって、もう降りられないし、登り返せなくなってどうかなっちゃって、帰って来られなかった可能性は、相当あったでしょうね」

寝ても死なない

もう一つ彼の話の中に、あの高度で、ビバークしようと思ったという話がある。それと何度も眠ってしまっている。山で眠ることの危険は知られていることなのだが、竹内はそれをどう考えているのだろうか。

「山で、寝ると死ぬみたいな話がありますが、あんなの嘘ですから。別に、寝て休むとかっていうのは、特別なことじゃないんですよ。そりゃあ、吹雪だったりしたら危機的な状況でしたけど、天気は悪くないっていうことは、分かってましたし、そういう日を選んで登ってるわけですから。寒くはなかったですよ。風でも出たら困りますが。

だから、寝ましたけど、別に手も何ともない。右足が凍傷になったのは、右足で立ってる時間が多かったり、右足で蹴込んでる時間が長かったりとか。それに、私は右足の方が若干大きいんですよ。だから、まあ、そうなっちゃったんだと思うんですけど。まあ、Ｃ２の手前で寝たりとかしなければ、凍傷にならなかったかもしれないですけどね。確かに、この右足の凍傷は、ならなくて良かった凍傷だと思いますね。本来だったらねえ、手からなってもおかしくないんです。まあ、これは、その低温でなったというよりは、靴とか体勢とか、そういうのだったと思います」

あの時、後ろから登ってきた他の公募隊のメンバーはどうしたのだろうか。うまく登頂できたのだろうか？

「あの後、凄いたくさん上がって行ったんですけど、結局、登ったのはひとりで、しかもその人、相当指落としちゃったみたいです。天気は良かったんですが、風が出てきた。そういう予報は出てたんです。私たちが頂上着いた時、吹き始めた風がドンドンドンドン強くなって、翌日はもっと強かったんでしょうね。その後は、全然登れなくて、４日と5日とちょっと良かったんですよ。風が冷たいって予報が出てたんですが、それでも、結構行ったみたいですけど、やっぱし登れなくて、イタリア人だかスペイン人だかが登ったんだけど、２人ともかなりひどい凍傷になっちゃったみたいですね。ほかに、プッシュ出した人がいたんだけど、寒くって登れないということで、引き返して来たらしいんですが、途中で転んで、そのまんまロックバンド飛び越して、３００メートルか４００メートル落っこっちゃったそうです。上から見てた人が、死んじゃったと思って帰ったらしいんですよ。そしたら、次の日上がった人が、雪の中で見つけて「死んでんのかな」

と思ったら、生きてて、シェルパが上がって来て背負って降ろしたらしいです。それでカトマンズに連れて帰って来たらしいんですけど、混乱状態で何言ってるか全然分かんなくなってるって言ってましたね。ま、そのうち戻ってくるんだと思うんですけどね。ですから、このシーズンで登れたのは、韓国隊と私たちと、イギリス人2人が酸素を使って登ってるらしいんですよ。その凍傷になった人も、多分、無酸素なんですよ。無酸素だから凍傷になっちゃったんだと思うんですね。だから、無酸素で無傷だったのは、私と中島さんだけ。私も無傷ではないですけどね、実際は。やっぱり8200メートルは凄いですよ」

今度のことがあった後で、竹内は潜在能力の話をした。彼は常々、本来8000メートルの高度は人が生きていける場所ではないという。そこに歩いて登っていくためには、高度順化という試練で眠っている能力を引き出さなければ、決してたどり着けないと。

「今回みたいに二十何時間も8000メートルでウロウロしてると、私は、やっぱし、人間はまた低酸素の中で生きていくかもしれないってことを前提にそういう能力を残してるような気はするんです」

過酷な試練ではあったが、13座目を登頂した。竹内はチョー・オユーを振り返ってこう言った。

「チョー・オユーの初登頂って3人登ってるんですよ。アルパインスタイルではないけど、ガチガチの極地法じゃなくって、結構パパーンと登って、良い登山してんです。当時はね、今登られてるノーマルルートじゃなくて、もっと難しいルートからです。それで、どちらかって言うと、この山は8000メートル峰の中でも何となく登りやすそうなイメージがありますけど、私は決してそんな感じはしないですね。

シェルパを投入して酸素を吸うんであれば、まあ、技術的な部分がそんなに必要ないですから登りやすいかもしれませんけど、無酸素で、しかもシェルパなしでやるとなったら、上部での滞在時間が長いですからね、8200メートル近くなってから、2時間も歩かなきゃいけないんですから。高所での滞在時間が積算されてドンドンドンドン増えていくわけですから、そういう意味ではね、非常に難しい山だと思います。

今回、私は結局8000メートル以上にかなりいたんです。ルートを見失っている間にはまあ、まあ、幻覚を見ましたよね。見事にね、「ああ、C2に着いた、着いた」みたいな夢を何回も見ました。いやあ、難しいもんですよ。簡単じゃない。あと1座ですが、14座ってのは、なんか、やってたら登れちゃいましたみたいな、そんな軽々しいもんじゃないですね。それを、私はきっちり登るつもりでいます」

残るは1座、ダウラギリ。

第5章　14座目　ダウラギリへ

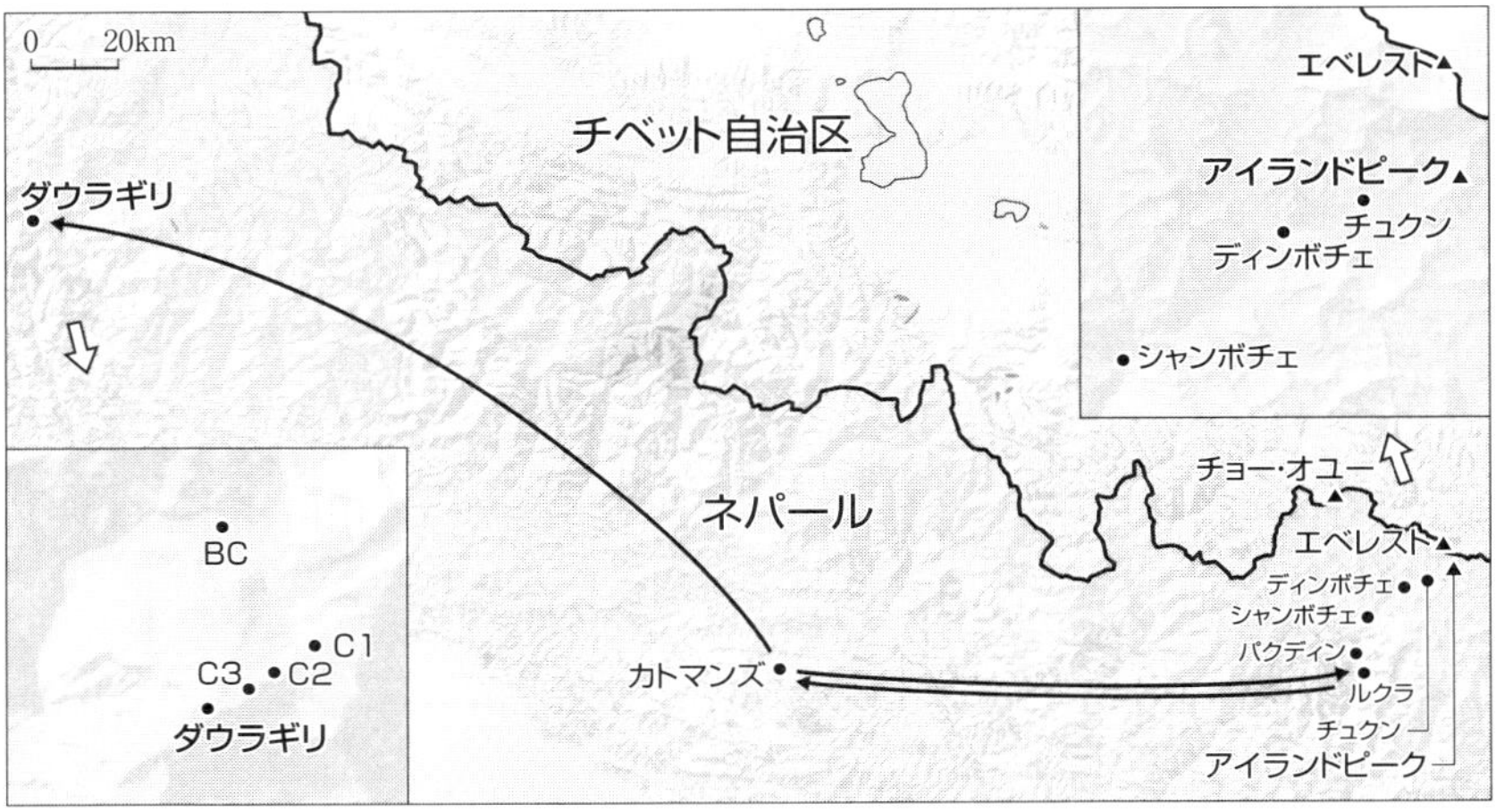
0
20km
チベット自治区
ダウラギリ
ネパール
カトマンズ
エベレスト
アイランドピーク
チュクン
ディンボチェ
シャンボチェ
チョー・オユー
パクディン
ルクラ
BC
C1
C2
C3

ダウラギリ 8167m
6
7
8
9
10
11
12
13
14
15
16
17
18
19
20
21
22
23
24
25
26
27
28

14座目　ダウラギリに挑む

この章も、竹内の日記風ブログを追いながらダウラギリ登山を紹介していこう。今回のメンバーは竹内と中島ケンロウ。チョー・オユー登頂と同じく、竹内は中島を写真家兼パートナーとして選んだ。今回は、竹内にとって8000メートル峰全14座達成の記録がかかっているため、NHKや讀賣新聞社がBCに入ってきている。登山はいつものようにカトマンズ到着から始まる。今度の登山では「SPOT」という位置情報機器を竹内は肩に付けて行動し

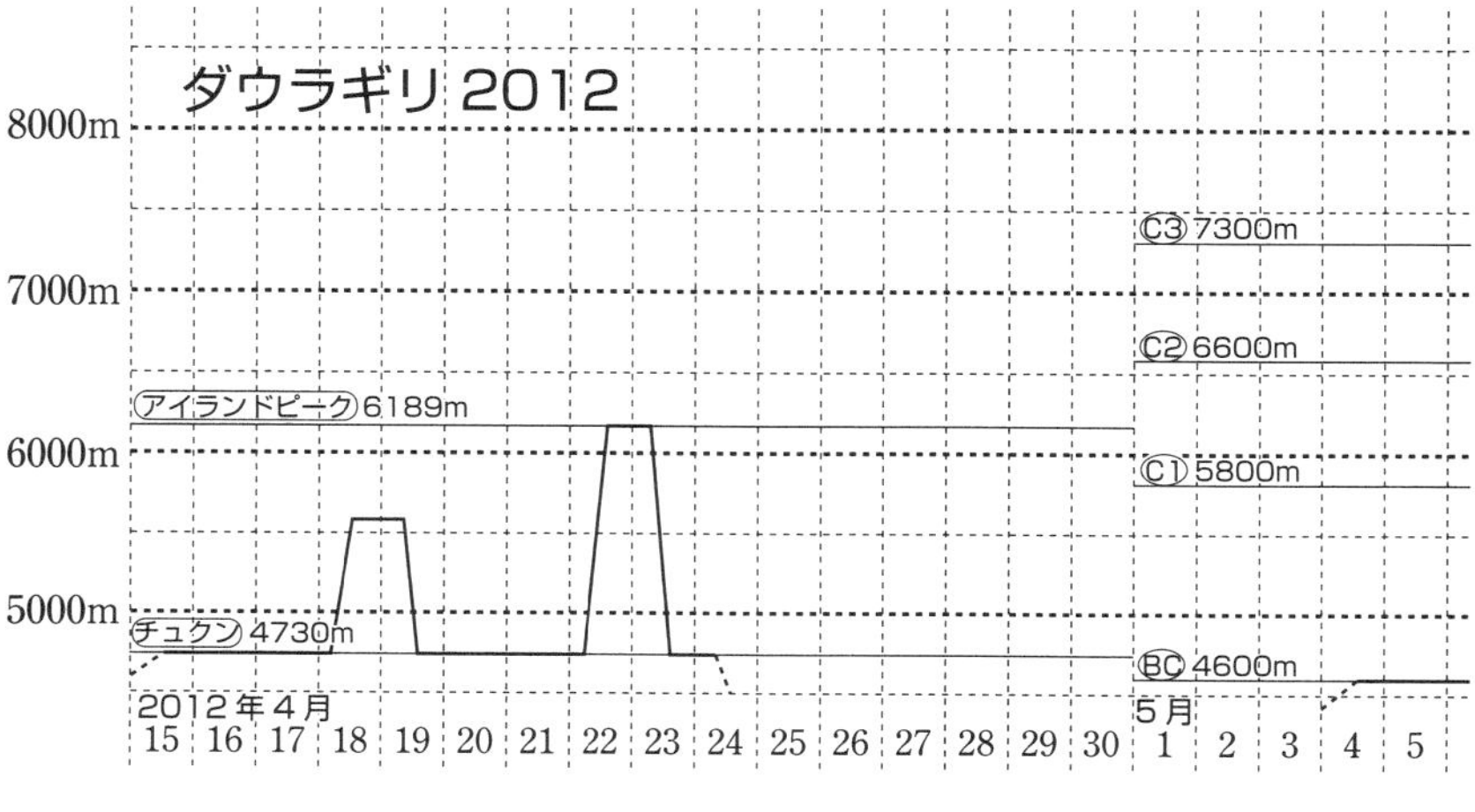

ているため、衛星を中継して、行動の逐一を知ることが出来る。

2012年3月31日（土）

ネパール・カトマンズの定宿に到着。

さあ！　準備を始めましょうか！

2012年4月2日（月）

カトマンズにストックしてある荷物の点検開始。デポ開き。

まずは去年の秋にカトマンズにデポした荷物を、ぶちまけて……とりあえず、並べてみる。ただ、それだけの作業にまる一日かかるんだな……不思議なことに。ここ、カトマンズではね。

昨年、チョー・オユーの後の荷物で、今回必要な物を残しておいたのだ。通常の登山に使う道具はカトマンズに置いてある。

2012年4月8日（日）

今回のダウラギリ登山用のパッキング完了！

今回は、まずアイランドピークに「高度順化トレーニング」に行ってきます。

アイランドピーク（6189メートル）で事前に基礎順化をする方法は、2009年のラルフたちとのローツェで取り入れた方法で、今回も同じ方法を行います。

アイランドピークでの順化後、1度、カトマンズに戻ってきて、数日レストを入れたのち、ヘリコプターでダウラギリBCに入り、すかさず！　登山を開始するためです。


私たちがアイランドピークに行っている間に、キッチンのスタッフが荷物と共にダウラギリBCに先発して、キッチンテントなどのBCでの準備を進めます。

そのため、事前にアイランドピークで使用する装備とダウラギリで使用する装備を、あらかじめ分けておかなければなりません。

ヘリコプターには、あまり荷物が載せられないため、できるだけ後からダウラギリに荷物を持ち込まなくていいように準備をしました。

2012年4月11日（水）

昨日は、ルクラからパクディンに入り、今日は、シャンボチェ（3900メートル）に到着です。一般的なトレッキングでは、手前のナムチェバザール（3440メートル）に滞在することが多いのですが、今回は、ナムチェバザールより高いシャンボチェに泊まることにしました。

ナムチェバザールは、いろんなお店があって賑やかなんだけど、谷の中にあって、景色が良いわけでもないし、なんだか混んでるし……。

ナムチェバザールのパン屋さんで、お昼を食べてシャンボチェに向かいます。

2012年4月13日（金）

デボチェのアマダブラムガーデンロッジに到着！

ここは、2006年のカンチェンジュンガからローツェへの継続の時以来、来る度に、数日をレストで過ごす、いつもの宿です。古くから、クンブに入るクライマーたちがレストで過ごすロッジとして知られてきました。久しぶりに、知った顔に出会える場でもあります。林の中にこぢんまり建っていて、新鮮な酸素に満ちているようで、とても心地良い。

アイランドピーク

2012年4月14日（土）

ディンボチェ（4410メートル）に到着！

これから登るアイランドピーク（6189メートル）が見えてきました。

ケンロウさんにシゴかれて、デボチェ（アマダブラムガーデンロッジ）から、2時間半で到着……。

2012年4月15日（日）

チュクン（4730メートル）に到着しましたよ！

ここが、我々のアイランドピーク登山のBCになります。ここで、数日滞在し、順化と準備をしてから、アイランドピークに入ります。

2009年の時も、ダラダラと何日も滞在していましたが、景色が素晴らしいので全然、飽きないんですよ！

2012年4月17日（火）

準備完了！　アイランドピークに出発！

予定では、19日に登頂して、頂上に2泊します……。

寒そう～。

息苦しそう～。

明日から、下山までブログのUPは止まりますが、頂上から電話しま～す！

SPOTの動きにご注目！　ください！

Google Earthで見るのがおすすめです！

２０１２年４月19日（木）

いったん下山。

ブログ編集部より

アイランドピークに向けて上昇を続けていたＧＰＳのプロットが、日本時間19日11時18分の地点を境に下降し始めました。

14ＰＲＯＪＥＣＴ事務局によれば、

「今朝、11時半頃中島より電話がありまして、「中島が高度順化が遅れているため、いったんチュクンに引き返すが、心配不要」との連絡を受けました。ＳＰＯＴでリアルタイムで表示されているため、心配される方もいらっしゃるかもとの配慮の電話でした。中島の順化が遅いのは毎度のことで、（竹内が強すぎる！）全く心配は不要です」とのことです。

２０１２年４月19日（木）

昨日、アイランドピークの５６００メートルまで上がって、一泊しましたが、翌朝、ケンロウさんの順化がイマイチなので、チュクン（４７３０メートル）に戻りました。様子を見て、再び上がる予定です。ちょっと、シゴき過ぎたかな？

最初は、いつもの元気なケンロウさんだったんですがね～。

この時の順化が遅かった様子を中島は語っている。

「アイランドピークでは調子悪かったですね。やっぱりまず5000メートルくらいで出るんですよね、ぼくは。アイランドピークは5500メートルのハイキャンプで出たんですけど、このまま行っても良くはならないから、まあ降りようかっていうことで、一緒に降りてもらったんです。2回目行ったときは全然問題なかったですね。自分のペースで行けば、基本的には大丈夫なんですが、まあもちろん、負荷はかけないと駄目なんですけど。でもどうなんですかね、普通は高いところに行って戻ってきて、往復するじゃないですか。でも竹内さんの場合は、泊まって、一気に入るじゃないですか。どっちが良いか。もちろん、一気に入ったほうが少ない日数で順化はできるかもしれないですけどね。竹内さんはそれで実際できるんでいいんですけど、ぼくの場合はなかなか……厳しいことが多いんです。それでも2回目はアイランドピークの頂上で泊まってきましたから、少し遅れましたが順化は順調でした。遅いのはいつものことですから」

中島の話からも分かるが、竹内のあの細い体は高所に順化するように作られている。

その体のことで竹内と話したことがある。竹内は言う。

「中島さんの順化のスピードというのが一般的なスピードだと思う。まあ、強いほうだと思いますよ。一般の人よりも強い……速いか。ただ、私がそれよりさらに速いんだと思うんですよ。だから、私と一緒に動いてしまうと、彼には相当厳しいというのはわかっていることです。だから、アイランドピークは、十分に時間を取ってましたから、中島さんが1回降りていっても、それは計算内だったわけですよ。それで全然、予定が狂っちゃうことはないんです。かなり余裕をもってましたから。

彼はもっと筋力を使う登山を普段からしてますから、私よりも圧倒的に筋肉量は多いと思うんですよね。カメラマンとなれば、ある程度機材を背負わなければいけない。それからあの、テレビ番組のコーディネイトとか、ガイドのような、自分が登ればいいという登山じゃないですから。そうなると、体の作り方がまた少し違う部分があるんです」

竹内は180センチ、体重65キロ。筋肉は、動かすために多量の酸素を必要とする。超高所登山では荷物は軽い方がいい。荷物や道具類を削るだけ削って、もう削ることができなくなったときに、竹内は体重を減らすしかないと思ったという。そうやって8000メートルに適した体を作り上げたのだ。他に彼のような体を作った人が日本にいるかと聞いたときに彼が言ったのは、「今はいないですね。どちらかというと、今はそうじゃないほうがカッコイイみたいで良いという時代だと思うんです。何でもできるというかね」。

竹内が高所に強い理由を柳下医師が興味を持って調べたことがあった。しかし、答えは肺活量や筋肉、心拍、どれも普通の人より優れているところはなかったという。本人も医師もがっかりしたと、笑っていた。

ブログを続ける。

2012年4月22日（日）

アイランドピーク（6189メートル）に登頂しました。

――日本時間4月22日午後2時35分の連絡――

ナマステ（ネパール語のあいさつ。こんにちは）、竹内です。先ほど11時10分ほどにアイランドピークの頂上に登頂いたしました。すばらしい景色です。95年に登ったマカルー、2009年に登ったローツェ、そのほか山がいっぱい見えます。中島くんも私も非常に体調がよく、快調にここまで登ってきました。

2012年4月23日（月）

アイランドピーク登頂。

空身で頂上を目指す一般登山者を尻目に、フル装備、フィックスドロープス無視で、ずんがずんが！登る、怪しい2人……。

まさに、頂上直下に「トレーニングキャンプ」を設置！

23日朝、2人とも無事に1晩を過ごし、順化トレーニング終了！

ケンロウさんの順化もバッチリ！

無事、チュクンに戻りました！

ダウラギリ・ベースキャンプに到着

2012年5月4日（金）

カトマンズでの休憩の後出発。

ダウラギリBC（4600メートル）に到着しました！

2012年5月6日（日）

本日、プジャを執り行いました。

今回は、キッチンスタッフにラマ（お坊さん）の資格を持った人がいないので、カトマンズのゴンパ（お寺）で祈禱をしてもらったタルチョ（旗）をお供えするだけの簡易的なプジャで済ますつもりでしたが、隣のオーストリアチームのサーダー（ポーター頭）がラマ資格を持っていたので出張してもらって、盛大に本式のプジャを執り行うことができました。

今日はチベットのカレンダーによると、とてもいい日とのことで、しかも満月で、しかも、スーパームーン！　という最高におめでたい日で、天気も良く、ダウラギリもよく見えて、これから登山が始まるにふさわしい日になりました！

さあ！　始まりますよ！

今日が登山の第1日目なので、ルートの入口までフラッグを立てに行き、「ダウラギリ登山始め」としました。

明日から、3泊4日の予定で順化に上がります。

2012年5月7日（月）

ダウラギリのC1予定地に到着。

——日本時間5月7日午後4時15分の連絡——

ナマステ、竹内です。ただいまダウラギリのキャンプ1予定地に上がってきました。標高は5800メートルです。

ベースキャンプを朝5時に出発し、約6時間半かけてC1に到着しました。下部は雪崩や落石が多い場所がありまして、日が上がる前に早く通過しなければならなかったんですが、その先は非常に日差しが強く、灼熱《しゃくねつ》地獄の中ここまで歩いて来ました。

C1はとても綺麗な所です。想像以上に広くて平らで、整地もいらないようないいキャンプサイトです。

私も中島さんも6時間半も暑い中歩いてきたので疲れていますが、体調は非常に良く、ここまで上が

ってきました。今日はここに泊まって、体の状態を見ながら、明日C2に上がる予定です

2012年5月8日（火）

キャンプ2、標高6600メートルに入ってきました。

――日本時間5月8日午後5時29分の連絡――

竹内です。ナマステ。先ほど現地時間の1時30分頃にキャンプ2、標高6600メートルに入ってきました。

今朝キャンプ1を朝の6時頃に出たんですが、C1からC2までは、実際登ってみますと非常に長くて、ここまで入ってくるのに大変疲れました。

今までの悪天で過去のトレースは全部消えてしまっていて、朝C1を出たときは私と中島さんでトレイルを作りながら上がってきたんですけど、途中からは他のチームのシェルパやメンバーと協力してここまでルートを作って来ました。

すごく天気が良くて、暑くて、夏バテのような状態で大変疲れました。

ところが先ほどテントを建てた途端に雪が降り始めまして、今はちょっとテントを雪が叩く音が聞こえます。先ほどようやくテントを建てて、私と中島さんで中に転がり込んだ状態です。これから少し休みまして、明日の行動等を決めたいと思います。では、また明日、連絡いたします。

2012年5月9日（水）

6800メートル付近まで行って引き返してきました。

――日本時間5月9日午後5時7分の連絡――

ナマステ。竹内です。ただいまキャンプ2です。今朝キャンプ3に向かってキャンプ2を出る予定だったんですけれども、中島さんの順化の様子がまだイマイチなのと、天気がちょっとイマイチ良くなさそうなので、ここから空身で6800メートル付近まで行って、引き返してきました。

他のチームは私たちの後をついてきてその先に進んで行きましたが、私たちは順調に戻ってまいりまして、昼寝などをしながらようやく落ち着いたところです。

これから天気が悪くなりそうなので、そういうのも検討しながらこれからの計画を考えたいと思います。今日は順化のためにまたここに1晩泊まる予定です。また明日連絡いたします。

2012年5月10日（木）

先ほどBCに戻ってきました。

現地時間の10時30分頃、ベースキャンプに戻ってきました。それからお昼ごはんを食べて、ちょっと昼寝をして目が覚めたところです。

今回は6800メートルまで上げてきましたが、何しろこのダウラギリという山はベースキャンプからキャンプ1、キャンプ1からキャンプ2、各キャンプ間の距離が非常に長くて、高所順応での疲れというより、行動での疲れをすごく感じておりまして、中島さんと2人でぐったりとしながらレストに入る予定です。
今後の予定は、これから天気予報や2人の体調を考えながら決めていきたいと思います。また今回の順化の報告はブログにアップしたいと思います。

不測の事態が

天候不順によるＢＣ滞在が長引いている。前回のチョー・オユーの時もそうだった。

９月18日にＣ２から降りてきてサミットプッシュの体勢に入っていたのに、出発出来たのは９月27日。９日の滞在だった。今回も５月10日にＢＣに戻って、サミットプッシュは23日。てるてる坊主を作りたくなる理由も分かる。せっかく高度順化した体が戻ってしまうのではないかという心配があるからだ。

高度順化というのはそう持続するものではないらしい。竹内は１９９６年５月17日にエベレストに登頂して、そのままＫ２に向かい８月14日に登り切っているが、この連続しての登山は高度順化の維持を利用したものかと聞いたら、そんなに持続するものではないという答えだった。

ＢＣでの待機が長引くとどうしているのだろうか。中島は動き回るという。

「ぼくは、ベースでも体を動かすほうなんですよ。体操したりとか、歩くという感じで走ってみたり。やっぱりなまるじゃないですか。で、ぼくなんかぶくぶく太っていくんで。これで急にあんな高所に上がれないなと思うんで、できる限りなまらないようにしようとするんですけど、竹内さんはダイニングテントから一歩も出ないですからね。あまり個人テントにもいないんですよね、いつもダイニングにいて。パソコンやったり、本読んだり。コーヒーを飲みながら。動かないんですよ。確かにあんなところで動いたら怪我するだけですし、動かないほうがいいかもしれないですけどね。プッシュだって言われて、急に動けって言われても動けるもんでもないですから。今回は、C1行って、C2に2日泊まって。降りてきて、10日くらいですね。大丈夫だろうかって思いました。やっぱり順化の程度が低かったので。待機が長いと不安になります」

竹内もそのことは心配していた。そのせいであったか、不測の事態が起きる。

2012年5月22日（火）

サミットプランに入ります。

順調に行けば26日がサミットデイです。C3（ファイナルキャンプ）に入ったら電話で連絡いたします。それまでは、特に電話等での連絡はしませんのでSPOTの動きでご確認ください。

2012年5月24日（木）

順調にC2に入りました。

14PROJECT事務局の報告
本日24日、竹内と中島は、ネパール時間13時50分（日本時間17時5分）頃、C2（6600メートル）へ順調に入りました。上部は穏やかなようです。
C1からC2へ向かう稜線上は、風が強かったようですが、C2は稜線の風下側で落ち着いているようです。

2012年5月25日（金）

――日本時間5月25日午後7時5分の連絡――

もしもし、ナマステ。竹内です。

ただいま標高7300メートルのキャンプ3（C3）、私のラストキャンプに入ってきています。現地時間の14時30分ころに到着しました。

実は大変残念なことに中島さんは今朝キャンプ2を出てしばらくしたところで、私が見る限り体調が悪いようだったので、キャンプ1（C1）に下ってもらいました。

すでにC1に安全に下りていて、私が登頂して下りてくるのを待つことになっています。

今晩の夜中0時、もしくは1時くらいに私はここを出て頂上に向かいたいと思います。

Ｃ２を出てしばらく上がったところで、竹内はスピードの上がらない中島が追いつくのを待って、高所障害が出ているから、ここから引き返して、Ｃ１で待つようにと指示した。Ｃ１に戻れば、楽になるだろう。そして自分が登頂した後に、迎えに来て欲しいと。

中島にしては突然のことだった。

「一瞬何言ってるのかわからなかったです。Ｃ１に降りるって、みんなで降りるってことかなと一瞬思ったほどです。ぼくは行く気やったんです。お互いの共同装備も持ってるので、ファイナルキャンプまでは、何があっても行かないとなというか。遅くても行けるとも思ってましたし……それすらできなかったので仕方ないなっていう。確かにあのままダラダラ行ってたら、竹内さんに迷惑というか、入る時間が遅くなれば、翌日のアタックにも影響するので、やっぱり早い段階で決断したんだと思います。Ｃ２を出たときに様子を見てたんですね。ぼくはそんなふうに見られているなんていうのは、まったく思ってなかったです。阿蘇さんがスピードが上がらないのでチョー・オユーのＣ２で待つように言われたときと同じように……そうなんですね。それは考えてたんでしょうね。でも、ぼくは夜は駄目ですけど、動き出したら結構元気になることが多いんですよ。その前のＣ１でも、結構ゲーゲー吐いてたんですけど、翌日動き出したら普通やったんですよ。そういう感じで、動いてるときはまあ大丈夫かなって思ったんですけど、あのときは無理があったんでしょうね」

中島は突然の決断に戸惑った。しかし、このままのスピードでは竹内がダウラギリの頂上に立てなくなるかも知れない。

「ぼくが行かないことで記録係がいなくなるというのは困ると、もちろん思いましたよ。それよりも何より、やっぱりパートナーとして、一緒にファイナルキャンプまで行けなかったことが悔しいですね。ファイナルキャンプまで行ったら、竹内さんならそこから一人でもなんとか行くだろうと思ってたんです。ぼくが引き返してしまって竹内さんが上がって、頂上に届かずに戻ってきたら、それはぼくのせいだろみたいな感じになりますしね……」

結局、その場で、二人は荷物を分けることになった。ロープはいらない。テントはフライシートを外した。一人で行くには、できるだけファイナルキャンプに持ち込む荷物を軽くせねばならなかった。食料も持ち帰った。「ちょっとだけは上げましたけど、それすらあんまり減ってなかったですからね。まあほとんど食べてなかったです」。帰ってきた荷物を点検した中島は言った。

竹内はサミットプッシュの間ほとんど食料を口にしない。食欲もないのだろうが、食べて消化するためには、結構な量の酸素を必要とするからだと。その間はサーモスに入れた温かいポカリスエットを飲むだけ。なにしろ彼がファイナルキャンプを出るときにザックに入れているものは、1リットルのサーモス、衛星電話、GPS、ジェル状のエネルギー補給食料、カメラ。それだけである。

この時の竹内の心境はこうだった。

「中島さんは、自分でも調子が悪いということはわかってたと思います。もう一歩行けば調子が出てくる、そう思いながら歩を進めるんです。そういうのはよくあることですから。もう一歩行けば調子が良くなってくると思いながら中島さんはあがいていたと思うんですよ。でも自分の体調としては、なかなか上がってこないなとは思っていたでしょうね。だからきっと彼なりに、焦ってたと思いますよ。私の写真を撮らなくてはということもあったでしょうしね。なんといってもそのために来ているわけですし、自分もそれをちゃんと撮り切ったときに、ある意味彼は山岳写真家としても登山家としてもジャンプアップできるというような思いがあったと思うんですよね。

まあ、決して、今回撮れなかったからって、それがないということではないとは思うんですけど、やっぱり彼にとっては、これはチャンスだっただろうし。そういう意味ではすごく重要な局面だったと思うんですね。ですから、私にＣ１に戻ってくださいって言われたときの表情は、悔しそうな雰囲気がありましたよ。

私と中島さんは、ちょっと複雑な関係ではありますが、それは、雇われてるというんじゃなくて、彼はやっぱりプロとして来てるんです。対等なパートナーとは違う関係かもしれませんが、主従関係ではないですよ。対等の力を持って来てるけど、その背景はやっぱり写真を撮るという。中世の騎士じゃないけど、フリーランサーだったと思うんですよ。契約次第では、敵だろうが味方だろうが、どっちにもついて、最高の戦いをするみたいな。そういう意味では、彼は私のフリーランサー。フリーランサーゆえに自立をしているものだと思うんですよ。別に私の顔色を窺《うかが》って仕事をしなきゃいけないわけじゃなくて、必要であれば降りることもできるんです。だから、「すいませんでした」という言葉がでて来たんだと思います。私は私であの時出来るベストの方法を選んだんです。ダウラギリに登るためにね」

この時の様子をＮＨＫのカメラマンは逐一撮影していた。

「カメラマンの山村さんは泣きながら撮影してましたよ。あれはね、山やってるものからすればね、その悔しさはよくわかると思います」

今回登頂できるチャンスは僅か一日ほどだった。中島の回復を待ったり、彼のスピードに合わせるわけには行かなかった。できる者が精一杯の力で挑む。それが竹内の登山をつくってきたのだ。それが13座を達成、今14座目に挑む自分へ押し上げてきたのだ。多分、この時点で、竹内の脳裡には、ただ一回のチャンスに賭ける道が描かれていたのだろう。

中島は降りていった。ここから１人での登山が始まった。

１人の登山

２０１２年５月26日（土）

サミットプッシュ!!

――日本時間　５月26日午前３時57分の連絡――

もしもし、ナマステ！　おはようございます。竹内です。ただいま、朝ご飯を食べて出発の準備をしています。先ほどまでは風があったのですが、猪熊（隆之）さんの予報通りだんだんと風が収まってきました。このまま準備を続けて、（現地）1時くらいに出発したいと思います。さぁ、次は頂上から電話ができるよう頑張りたいと思います！　天気はすごくいいです！

ここから竹内の登頂までの様子を、彼へのインタビューから追ってみる。

「私の後ろから登って来るグループはいなかったですね。ただ、C3から私が出て、C4に到達したときに、C4にテントが張ってあって、アメリカ人の女性がいました。彼女は酸素を使って、シェルパもいました。ところが、彼女の動きっていうのは非常に不可解で、登るんだか登らないんだか全然わからなかったんですよ。私たちよりもかなり先に出てるのに、まだC4にいて。私がC4に行ったときにまだテントの中にいたわけですよ。

だから私は、もう前日に登っちゃったのか、今日も行かないのか、どちらかだなと思ったわけです。だから彼女たちのことをもうまったく気にも留めず、そのテントを通り越して、私は登っていったんです。で、ひたすらひたすらひたすら登って、ある程度登ったときに、後ろから声がしたので、え？　と思って見たら、彼女とシェルパが登ってきてるのが見えたんです。

多分頂上まで標高差で200メートル、いや、もっとあったと思いますが、そこら辺で抜かれたんじゃないかな。向こうは私が1人なので、すごいびっくりしてました。1人で行くやつがいるんだみたいな。で、彼女たちは、ここから先は私たちが行くからって、抜いてくれた。それでも向こうは酸素使ってますから、私は追いつけないんです。で、私がルンゼ（急峻な岩の溝）の入口に到達したときに、彼女たちはもう登って降りてきたんです。ひと言ふた言会話を交わして、彼女たちは降りちゃったんですね。風が強いという話はしてましたね。で、私が頂上に行って、降りてきたときには、もう彼女たちの姿もまるで見えなかったですね。ルートですが、ここがC4。ここまではずっと雪なんです。この雪の上をずっと歩いてる。で、この行き詰まりで岩になって、ここをトラバースすると、また雪になるんです。ここは〝お魚岩〟って呼んでいたんですけど、そのお魚岩のくちばし目ざしてずっと岩尾根のこの末端末端を選びながら、ずっとトラバースして、最後にルンゼに入っていくんです」

登頂

2012年5月26日（土）

ダウラギリの頂上に！　14座完全登頂達成。

竹内洋岳から、ダウラギリに登頂したと一報が入りました。

日本時間5月26日午後8時45分（現地時間同日午後5時30分）ころ頂上に立ちました。

頂上の様子を竹内はこう語っている。既に時間はかなり遅くなっていた。

「ダウラギリの頂上には、多分1、2分しかいなかったと思います。NHKを観てくださった方おられるかしれませんけど、とにかく、時間がおしてる状態で、無理矢理突っ込んで行っちゃったんですね。それで、最後、クーロワール（急な岩の溝）の中へ入って行ったんですが、ここまでは無風快晴だったんです。ちょっと暑いぐらいで、もう大分遅くなってましたけど、体は動くので、「このままなんとか頂上に到達をして、もうあとは、引力に任せて自分の身体を、中島さんが迎えに来るところまで持っていけばいい」っていうような状況で、もうフラフラになりながら、頂上に向かったんです。

で、そのクーロワールを抜けて頂上稜線に抜けるちょっと下に、氷のハング（覆い被さるように突き出ている状態）があるんですけれど、そこを越えようと思ってアックスを両手で縁に打ち込んで、思いっ切り引きつけて、左足をその縁に引っかけて、もうフラフラですからね、そんな格好良くなんか言ってられないんです。左足を引っかけて、そのままゴロリンって向こうっ側の斜面に転げ出て、その斜面に上がったわけです。そうしたら、今まで無風快晴だったのが、もう吹っ飛ばされるぐらいの風が吹いているんです。向こうからの風が稜線を抜けてるから、こっちは、全然風がないんですけど、その縁の向こうっ側は凄い風が吹いてて、もう立ってられないんです。

頂上は見えてるんだけど、這《は》い蹲《つくば》った状態で、「このまま行けるかなあ」と思いました。それで、ここで出来るだけ荷物を軽くして行こうと思ったんですが、バックパックを下ろす余裕はないんで、両手に持ってたアックスを1本そこに刺して歩き始めたんです。風がかなり吹いていて、ヨロヨロッとするわけです。で、頂上に向かって右側が凄い広い斜面で、左側がこう切れ落ちてる。

下からNHKが撮影をしているんで、映らないといけないと思って、その縁のギリギリを歩こうとしたわけです。だから、崖の縁を歩いてたのは映ってたんですけど。歩いてたら、また風が吹いて、バランスを崩しそうになって、「これは、ヤバイ」と思って、広い方を歩き始めたんですね。ですから、そこからは映像には映んなくなっちゃったわけです。

ほんとに風の合い間を待ちながら、バアーッと吹いてる時は我慢して、フッと弱くなったらテケテケテって行って、またバアーッとなったら止まって、またテケテケテっていうのを繰り返しながら頂上に向かって行ったわけです。

で、頂上の岩の根元まで行って、そこで立ち上がって、伸び上がって、頂上の岩に触れたんですけども、頂上は風が強すぎちゃって何も出来ないから、その岩の陰でいつも通り衛星電話を出したんです。知ってる方もおられると思いますけど、いつも、頂上に着いたら電話で「只今、頂上に着きました」っていうのをブログに音声で発表してるんです。それで、電話を出してパワーボタンを押したんです。今回は、いつも使ってるのとは違う、最新式の衛星電話を持って行ったんですよ。そしたら、今までのよりスイッチボタンを押してからコネクションをするのにちょっと時間が掛かるタイプなんです。

ベースキャンプで使ってる分には、全然気にならなかったんだけど、あの環境でパワーボタンを押して、表示が出るんですけども、ネットワークを「探してます」って出るんです。「早くしろよ」みたいな。イライラしてたら「タイムアウトしました」「再検索しますか」とか出るんですよ。もうスイッチを切って、ポケットに戻して。今回は、NHKからトランシーバーを預かってたんです。そのトランシーバーでベースキャンプを呼んだんです。ところが、トランシーバーの電波ってのは、光と同じでベースキャンプを見通してないとなかなか通らないんです。縁のとこまで行かないと、ベースキャンプが見えないんで、ジリジリと縁まで行こうとして寄るんですけども、何度やっても通じないから、頂上の岩の上に出れば通じるかなと思って、行ったんですけど、風に煽《あお》られて無理。仕方がないから頂上の岩の上に覆い被さって、2、3秒経って、「これでいいか」と思って、もう下り始めたんです。その2、3秒が私の登頂です。

だから、頂上に全然立ってないんです。頂上に抱きついたのかな。

下ってって、さっきの置いてきたアックスを拾ってそのハングを飛び降りて、そこでトランシーバーをもう1回出して連絡をしたのが、映像にもなった「ハングを降りたところから連絡してます」っていう状態だったんですね」

ビバーク

2012年5月27日（日）

下山をしていた竹内洋岳は、C3へのルートが見つからず、C4（7520メートル）跡地でビバークすることになりました。

明るくなったら出発します。

竹内は、時間が遅く、くらくて、ヘッドトーチの明かりでは岩肌には自分の残した後が見つけられなかった。C4の近くまでたどり着いているはずなのだが、その先のルートの確信が持てなかった。ただし、今回は前回と違って、竹内のヘッドトーチの灯りはBCから捉えられていた。私はインターネットで送られてくるSPOTの位置情報を見ていたが、1時間以上、標高7500メートル付近で動かなくなっていた。それから間もなく、竹内はそこでビバークして朝になるのを待つことにしたと連絡が入った。

「今回は、チョー・オユーでのルートロストとは随分状況が違って、自分は明らかにルート上にいるのはわかってたんですよ。C4の跡地であって、それはでかいスペースでもないし、過去の登山隊のテントとか残骸とか、古いフィックスのロープとかがあるんですよ、間違いなく。しかも、それは朝通ってきたところで、見覚えがあるところなんです。だから自分は間違いなくルート上にいるということはわかっている。だから迷ってないんですが、ただ、Ｃ４のどこから下へ降りていくかがわからない。

そこまでは、全部トレースが付いてました。自分が朝登って降りてきて、さらに先行者がいるわけですから、雪の上に足跡があるわけですよ。その足跡について行けばいいわけですけど、そのＣ４が岩場なんですよ。岩場になっちゃうとトレースがなくなりますから。足跡っていっても、雪の上なら分かりますが、カチンカチンの氷なら爪の跡がチュッチュッて付いてるだけなんです。それでも明るければ分かりますけど。

そこは、たいして広いところじゃないと思うんですよ。テニスコートぐらいの広さだと思うんですよ。でも、それのどこから降りていいかがわからない。しかもヘッドトーチを点けていると、暗闇だと、その先が切れちゃってるように見えるんです。じりじりと行くんだけど、やっぱりよくわからないわけですよ。

だからその時には、このスペースの中を行き止まりまで行って、ああこれじゃないといって、また、自分の足跡を戻るわけですよ。で、確かにここまで来てるんだから、今度はちょっとこっち行ってみようかって。でも、行くと切れてる。こっち行ってみると今度は行き止まりだとなるわけです。結局同じところを何度も行っちゃうわけです。目印になるものがないわけですよ。まあ、いろいろなゴミは落っこちてるんだけど、みんな同じなわけですよ。

ゴミは同じだし、岩の形も一緒だし、雪の斜面もみんな同じに見えちゃうから、何度も同じところに行っちゃうわけです。そんなことをいろいろああでもないこうでもないってやってたら、途中で1回吐いたんですよ、ゲーっと。そうしたら、そのゲロが、唯一、信頼できる目印になるんです。ゲロからあっち行ったり、こっち行ったり。確かに自分はC4にいるんだけれども、やっぱりルートはわからない。

でも、ちょっと明るくなれば見えるだろうとは思っていました。それでNHKから借りてきた無線を使いました。そしたらNHKの廣瀬さんが出て、私が「いやーちょっとルート見失いました。おそらくC4にいるはずなんですけど、そちらから見えますか?」って言ったら、廣瀬さんが「確かにC4にいますよ」って。ベースキャンプから、ヘッドトーチが見えるんですよ。それで廣瀬さんが、あの人は明治の山岳部のOBですけどね、「まあしょうがないですねー。あと4、5時間もすれば明るくなってくるんで、1晩待って降りてきたらどうですかー」みたいなことを言うんで、私も、「そうですよねー」って。それで、ビバークに入ったんです。それが多分夜の10時半とか。もう真っ暗でした。

登ってきたときに、もしかしたら、このスピードだとビバークしなきゃいけないかもしれないって、2ヶ所程ビバーク用の場所を見つけておいたんですが、C4は、2つめの候補地なんです。だから、もうビバークできる心づもりではいたんです。

C3からC4までは登りで3時間です。だから、降るとなれば1時間とか1時間半くらいで降れると思うんですけど。

それで、寝ましたよ。寝るといっても何もないですから。うつらうつらとね。だけど、もう、寒くて1ヶ所にじっとなんかしてられないわけですよ。だから最初、ちょっと風を避けられそうなところにいたんですが、そこも風が来て寒いから、我慢できなくてまた歩き出して。もっといい場所はないか、もしくはルートが見つからないかってウロウロするわけですよ、目印のゲロを中心にね。それで、また良さそうなところを見つけて、座って、それでしばらくうつらうつらしてるんですけど、寒くて目が覚めて。それでまたどこかいいところがないかって探すわけですよ。

食料ですか？　ポケットにジェル状の食べ物を、1個は取っておいたんです。サーモスの温かいポカリスエットを飲もうとしたら凍っちゃってたから、飲めなくて、そのジェル状のやつを1個残してたから食べようとしたんです。内ポケットに入れといたんですけど、口の中に流し込んだら、もうすごい冷えてて。もう口に入れた途端にペーって吐きだしました。残りはゴミ袋に突っ込んで、ポケットに戻しました。だからもう、本当に飲まず食わずでしたね。

バックパックはペラペラのなんで。もし、中に足を入れようとしたならば、クランポンを脱がなきゃいけないんです。クランポンをそこで脱ぐというのは、もはや自殺行為ですから、絶対にできない。バックパックをお尻に敷いたりとかね、してました。それで、まあ4、5時間。空がちょっと白んできたら、雪が見えてきたんですよ。なんだこっちかと思って、どん詰まりまで行ったら、そこが二段になってたわけですよ。私は上の段で迷ってたんですね。一段降りれば、繋がってたのに。だけど、真っ暗で見えなかったんです。

ＧＰＳは持ってました。それでＣ４で迷ったときに出したんですよ。Ｃ３をポイントしてたから、Ｃ３の位置はわかるんですよ、方角はあそこらへんだと。でもルートが見つからなかったですね。

凄く寒かったですけど、心配はしてなかったです。サミットデイの天候はすごい良い天気で、もっということでした。ビバークしても、吹雪にあったりすることはないという確信があったんで。

明るくなったので降りていったら、アメリカ人のテントがまだあって、気配を感じて、顔を出して、私にお茶をくれました。「何、ビバークしたの?! わかれば入れてあげたのに」みたいな感じでしたよ。で、シェルパと彼女が、中に入って少し休んでけって言ってくれたんだけど、Ｃ３はそんなに遠くないからって、私はＣ３に降りました」

竹内はＣ４のわずか手前でビバークした。しかし、彼のサミットプッシュの荷物は必要最低限度に削ぎ落とされているために、ビバークのための物は一切ない。風や雪よけ用の簡易テントのツェルトすら持っていない。もちろん眠るためのシュラフはファイナルテントに置いてきた。それさえもかなり簡単な物で、上部キャンプでは竹内はダウンワンピースを着たまま眠っているのだ。

ということは、ビバークするといっても、風や雪を出来るだけ避けた場所を探し、うずくまって、朝を待つことになる。うつらうつらとは出来るが、しっかり眠るわけではない。そんなことは望みようもないのだ。

因みに彼のサミットプッシュの時の服装はこうだ。

一番下は、ワコールのパンツ。ビキニタイプ。それにCW－Xの上下。その上に、マムートのフリースのタイツ。かなりぴったりしたもの。上は同じくフリースのプルオーバー。更に薄いダウンジャケット。いわゆるインナージャケット。その上にプリマロフトのジャケット。そしてその上にパランドレの、特性のダウンのつなぎ。先に話したダウンのワンピースだ。靴下はウールの厚手を1枚。手袋はインナーの上に厚手のプリマロフトのミトン。頭にはウールの帽子。そして首にはいつでも引き上げられる目出し帽。それも極薄で鼻や口から出た息が素通りしてたまらない物。フリースや何かでは息がたまってその場で凍ってしまうからだ。靴は三重構造スカルパシャのファントム8000。

これらを選んで着ているのにはそれなりの試行錯誤があり、理由がある。動きやすく、暖かで、軽く、隙間がないなど。基本はそれらを着て寒さに耐え、山を登っていける服装であること。単に温かいだけのものではないのだ。高所で行動するために竹内が選択し、これまでの山で使ってきたものである。このサミットプッシュのままの姿で、ビバークしたのである。あまりの寒さに、うとうとしては目覚め、新たな場所を探してみたりしたそうだが、堪りかねて、何度も「寒いー！」とつぶやいたり、怒鳴ってみたそうだ。そんなことで凌げるわけではないのだが、とにかく、この装備で７５００メートル付近で夜を明かしたのである。

2012年5月27日（日）

14PROJECT事務局からのお知らせ。

日本時間9時、BCより衛星携帯で連絡がありました。

C1からBCに入った無線連絡によると、日本時間8時40分頃、竹内洋岳はC4地点よりC3地点に向けて歩き始めました。足元はしっかりしているようです。

C1には取材班のスタッフが待機しています。中島ケンロウはサポートでC1からC2へ向かいました。

帰還

Ｃ３に着いた竹内は疲れ果てていた。彼の言い方によると「もうヘロヘロで、テントに入るや意識を失うように倒れました。そのままバターン、キューーみたいな。疲れと眠気です。寒くはなかったんです。陽が当たっていればテントの中はポカポカしてますから」。

ＳＰＯＴの位置情報では、そのままＣ３で6時間ほど動かなくなった。

「私、C3には6時間くらいいたっていうんですが、よく覚えてませんが、寝てたのもありますが、撤収の準備に時間がかかったんです。テントを畳みたいんですが、立てなかったんですよ。それで寝っ転がった状態で、ポール外して、バッグの中に入れて。張り綱がかなりガッチリ止まってるわけですよ。風が強いから、いない間に飛んでっちゃうといけないから、ある程度予測してたので、敢えてスクリューとかで打ったりしないで、氷漬けになってるテントの残骸がいっぱい落っこちてるんで、そのテントとか古いフィックスとかの紐とかに結わえてあります。それは強固なわけですよ。だけど、もうほどけないから、ナイフで残骸ごとぶった切ってザックの中に……。そうした撤収のための時間と倒れて気を失ってる時間を足して6時間くらいいたんです」

やっと竹内は下り始めた。

「1回立ち上がって降り始めちゃえば、まあ重力のおかげもあるし、空気もだんだん濃くなってくるし。まあ、そこそこ動いていくんですけど、でもね、やっぱり相当疲れてましたね」

同じ頃中島は迎えのために、C1を出ていた。

「中島さんと出会ったのは7000メートルくらいの所でした。来てくれた！　良かった、と思いましたよ。

その時に、中島君は、なんかね、温かい紅茶のような、ポカリスエットのようなのを持ってきてくれたんですが、正直いうと、中島さんにあとで言ったんですけど、せっかく持ってきたんだけど、まずくて飲めなかったんですよ。他にも味が混じってて。食べ物も、なんか持ってきてくれてたんだけど、「俺いらない」って言って。そこで荷物を背負ってもらって。もうその辺りはフィックスロープがあったりなかったりでしたが、ヘロヘロになりながら降りてきて。Ｃ２はもう通過です。Ｃ２のテントとかはＣ３に上げちゃってるので、わずかに荷物がデポしてあっただけでしたから。もうそれは中島さんがピックアップして、ルート上に持って来てたのでそのまま背負っていけばいいだけ。そのまま降りて、Ｃ１を撤収して、ベースに降りてきたわけですよ。ベースに降りてきた時点で、私たちの荷物を計ったら、中島さんの荷物は25キロくらいあったかな。私の荷物なんて10キロちょっとくらいしかなかったです。中島さんが背負ってくれたんです。ベースキャンプに着いたのは夜の10時半くらいです」

Ｃ１で待機し、竹内が下り始めたのを待って迎えに出た中島の話だ。

「Ｃ１からは頂上の竹内さんのヘッドトーチは見えないです。ベースキャンプの人だけが見えるんです。うまくいってるかどうかは全然わからないですね。ベースから連絡は直接は取れてなかったんですけど、ＮＨＫ隊が無線持ってたのでわかってました。帰ってくるのもわかってました。それでぼくは前日引き返したＣ２の上辺りまでは迎えに行こうと思ってました。竹内さんは登頂した日にファイナルキャンプに戻って、もしかしたらそこで泊まるかもしれないとも考えたりしたんですけど。そこまでぼくが一気に上がって行ったらまた調子が悪くなるから、それは厳しいなと思ってました。ぼくが出たのは、竹内さんが降りだした……という連絡が入ってからです。

それでもＣ３で寝てたりとかしてたらしく、結構遅くて、ぼくはどこまで登って行くんやろとか思いながら登って、もう自分が引き返したところよりも上まで、７０００メートルくらいまで行きました。見えたときですか？　いや、本当に良かったと思いましたよ。ほんまに。途中で、会ったのがほかのパーティだったんで、もうすごいガッカリしましたよ。竹内さんじゃないやって……。アメリカ隊の女性たちでした。シェルパ２人と女性１人。酸素持ってました」

彼女たちはＣ３にもテントを張ってあった。そこにシェルパが１人中にいた。アメリカの女性はシェルパを２人連れて行ったが、１人が不調でそこに置いて行っていた。その後彼女たちはＣ４から降りてテントを撤収、ほぼ同じ頃に下り始めたのだ。

「その後しばらくしてからです。竹内さんが見えたのは。ぼくは泣きそうでしたよ。良かったー、と思いました。ほっとしました。竹内さんはヘロヘロやったと言ってましたが、その割りにはテントとかもしっかりパッキングされててびっくりしました。食べてない食料とかも全部入ってて。そんな食料くらいもう捨ててきてもいいというか、そんな状況やったら置いて行ってもしょうがないなと思うんですけど、ちゃんとパッキングしてあって。全部ゴミとかも持ってきてるんですよ。受け取ったときに、さすがというか、ちょっと驚きましたね」

２０１２年５月27日（日）

日本時間午前10時ごろ、竹内がＣ３に到着したとの情報が入りました。そのままＣ３で仮眠をとった模様。

日本時間午後4時ごろ、再び下山を開始し、C3下部で中島と合流。SPOTによれば日本時間7時30分ごろC1に到着した模様。

日本時間午後9時ごろ、BCより事務局に連絡が入りました。「竹内、中島はC1に到着。まだ明るいので今日中にBCに下ることになりました」

2012年5月28日（月）

——日本時間5月28日午前2時7分の連絡——

ナマステ、竹内です。先ほど現地時間の（午後）10時40分ぐらいにベースキャンプに帰って来ました。

今回、私にとってダウラギリは、本当に登りがいのあるいい山登りになりました。

本当に多くの人のお陰で登頂することができました。本当にありがとうございました。

2012年5月28日（月）

登山終了！

皆さま、本当にありがとうございました！

私の登山は、皆さんに支えられ続けられてきたことを強く感じます！

厳しかったけど、登り甲斐のある登山でした！

中島さんと一緒に頂上に行けなかったことばかりが、残念でなりませんが、次は、一緒に登れるような登山をするための練習にもなったと思います。
ただいま、BCでコーラを浴びるように飲んでますよ〜。

今回は、ダウラギリに登らせてもらいました。
ダウラギリ、ありがとう！

今回、頂上で一人になってしまったので、「登頂写真」は存在せず、「頂上写真」を一枚撮影しただけとなりました（口絵1頁写真参照）。風にヨロヨロして、頂上に向かって行きながら、撮影しました。
なんだか、地味で申し訳ない……。

今回は、NHKや、讀賣が、フレンチパス手前付近（頂上まで見える）で超望遠で撮影してくれてたので、登山の様子の撮影に関しては中島さんが下りてからは、お任せ状態でした。皆さん、ありがとう！

頂上は、風が強く、時間も遅かったので、のんびりとはしていられず、まず、岩の陰で風を避けながら、衛星電話のスイッチを入れてコネクションを待ちましたが、角度が悪いようで電波も入りません。

衛星電話は、コネクションを再捜索するのに時間がかかるため、電話を諦め、NHKから預かった無線で連絡しようとしますが、これも反応が無いので、岩の上によじ登ったり、裏手に回り込んだりしますが、繋がらず、頂上からの電話も無線も諦めて、登ってきたクーロワールに下りて、風を避けたところで、無線が通じてBCに登頂の連絡が出来ました。

なので……「頂上に立った！」という感じではなく、ヨロヨロ……とたどり着いて、「頂上に触った……」てな感じ。そもそも……なんだか、ポコポコした頂上で、どれが、本当に一番高いのやら？ なんやら？ 頂上らしきとこをウロウロしたって感じ……。

出発前に、カトマンズでラルフとガリンダとデービッドから、ずい分と写真と情報をもらっていたので、助かりました！ ありがとう！

もう！ とにかく……みんな、ありがとう‼

とりあえず、詳しい今回の登山の報告は、もっと空気が濃いところに行ってから報告させてくださいね！ まあ、ほぼ半分以上は「立ち寝」状態だったってとこですが……。

さて！ 14座がどーたら、こーたらは、これにて終了‼ パッと盛り上がったので、サッと忘れて！

終わったという感じは全くない

以上で竹内のダウラギリの報告は終わっている。14座登りきったことに対する竹内の感想は淡々としたものだった。「日本人初の８０００メートル峰14座達成おめでとう」「やっと終わりましたね。お疲れ様」というたくさんの祝福に、次のように心境を語ってくれた。

「終わったという感じは全然ないですけどね。今回は讀賣もＮＨＫも来てましたから、登れたことでみんなハッピーだと思うんですよ。それは私にとっても、みんながそうやって喜んでる様子というのは嬉しいですから、それは良かったなと思いましたね。ただ私にとってみれば14座を登りきって良かったなというよりも、ダウラギリに登れて良かったなという思いのほうが圧倒的に強いんです。まあそれがね、取材している側からすれば14座ということでしょうけど。みんなは、14、14って言ったから14なだけで。初めての日本人だという形容詞をいっぱい付けたから、どうしても数字が浮かび上がってきた。これはいろいろな面がありますよ。前にも言ったように、14座というものをちゃんと世の中に知ってもらいたいという思いがあったからこそ、14座登り切りますという宣言をしたわけで。それが出来て良かったとは思っていますが、達成とか終わったという感じは全くないですね。それと今度の登山は単独（ソロ）でという報道もありましたが、単独ではまったくないです。だって、Ｃ３まではＮＨＫの撮影チームもいたし、さらに登って言ったらアメリカのヘレンたちがいたんですから。で、降りてきたら中島さんが迎えに来てて。単独の要素はどこにもないんです。新聞とかに単独とか書いてありますけどあれは違います」

そのことだけは付け加えておきたいと言った。

これからも登山を続けていく竹内にとってはこれが素直なところなのだろう。

話が途切れたときに、彼は呟いた。

「ダウラギリで亡くなった日本人何人かの遺品か痕跡でも探せればと思ったんですが……過去に死んだ人のことはちょっとわからないですけど、一昨年、田辺さんと山本さんと本田さん、3人亡くなったんですよ。山本さんの遺体は出てきたんですけど、田辺さんと本田さんはまだなんです。なんか出てくれれば良いなとは思いましたけど、何も見つけられませんでした。お線香上げて手を合わせてきました」

山の仲間たちへの思いである。特に田辺治は一緒にマカルーに登った仲間だったのだから。

予想外なことに、チョー・オユーに続いて今回も高所でのビバークをしなければならなかった。前回負った凍傷のことは気にならなかったのだろうか。凍傷は癖になるとよくいわれている。そのことを聞いてみた。

「凍傷は治ってました。見た目はもう治っているような状態なんですが、それでも、影響はありますね。明らかに右足のほうから冷えるんですよ。出発前にちょっと雪山に行ったり、スキーに行ったりとしたんですが、やっぱり右足のほうが弱くなってるというのは間違いないですね。面白いのは、凍傷になって爪がなかったわけですよ。爪がないと冷えるんですね。本当に。爪はね、ちゃんと役割があるから付いてるんでしょうけど、爪があるとないとでは全然冷え方が違うんです。だから、生えてくると冷えなくなってくるんですよ。

今回のダウラギリでは、別に右足の寒さを感じなかった。凍傷になった右足の親指の先端と爪の先が揃ったのは、ダウラギリのプッシュに出るときなんですよ。ぴったり揃ったんですが、それまではやっぱり若干足りなかったんです。そのときはそこだけちょっと冷たいんです。

爪、ご覧になります？　登山終わって3ヶ月弱ですが、ほら、縞々なんです。これは今回2回登山したから縞々なんですよ。アイランドピークの縞がこれです。それでカトマンズでレストしていたところはちょっと良くて。で、ダウラギリでまた白くなって、日本に帰ってきてまたピンクになって。完全な記録装置なんですよ」。

淡々と登山のことを語る竹内だが、見せてもらった爪には過酷な登山の記録が残っていた。

これから

14座を達成して、次はどうすると、竹内はよく聞かれている。彼にしてみればこれで終わりじゃないので「何でそんなことを聞くのだろう」と首を傾げているが、同じことを私も聞いてみた。それをこの本のまとめにしたい。竹内の答えは、彼らしくとぼけたものだったが、登山家の本音であろう。

「次の山は、次の山です。

今までも、次の山、次の山と登ってきましたから。次も「次の山」ですね。勘違いしないでいただきたいのは、この間、私が2012年の5月にダウラギリに登って新聞、雑誌に「竹内洋岳さん14座完全登頂。14座登頂」とかって書いてありましたけど、私がこの間登ったのは、「14座」って山じゃなくて、「ダウラギリ」って山なんです。ダウラギリという山は、私が中学生の時から名前を知っていた山なんです。それが、ずうっと残ってて、漸《ようや》く私は、その登りたかった山に登れたんです。

そもそも、14座っていう山はないんです。エベレスト、K2、カンチェンジュンガっていうような個性を持った、ひとつひとつひとつの山なんです。

で、それぞれの山というのは、ひとつしかない。他にはない山なんです。

そのひとつひとつの山を次は、あそこに行こう、次はあそこに登ってみたいってことをずうっと繰り返してきたら、14の8000メートルを登ったっていうだけの話なんです。

そもそも、8000メートルというのですらも、メートル法を使った国の人が言い始めたから8000メートルで、フィートだったりヤードだったり、日本人が尺貫法で言ったら8000でもなければ、それが14座でも何でもないわけですよ。

ただ、それを8000メートル以上は14座っていうルールを決めて、スポーツとしてカテゴリーしたから14座っていうだけの話なんです。

私は、「14座を登りきります」と宣言した以上、14座という記録を到達しようと努力してきました。けれども、実はひとつひとつの山を登り続けてきただけなんですね。

私は、14座という記録には到達しましたけど、これは、私にとっては、最終目標でも何でもないわけです。

これまで登ってきたように、登ったらまた次の山、そして、次の山って、山登りを続けていけるかどうかを自分自身で試してきたわけですから、次に行く山は、また「次の山」というだけでしかない。

次の山は、もちろん登っていくでしょう。その山は、もしかするとみんなも知らない山かもしれないし、もしかすると、私も知らない山かもしれない。でも、私にとっては、その山は、きっと地球には、ひとつしかない山で、きっと特別な山になると思います」

あとがき

いつ、どんなときに、人は自分というものを考えるのだろうか。

他人と切り離した自分というものを。

森の中を一人で歩いているときだろうか、見渡す限りの砂漠の中に立ちつくしているときだろうか、打ち寄せる波を見つめているときだろうか。見上げた夜空に無数の星を仰ぎ見るときだろうか。都会の人混みの中で、不安を伴ってふと思いつくのだろうか。意のままにならぬ障害を前にしたときに途方に暮れて感ずるものなのだろうか。

いつ、どんなときにせよ、人は誰もが自分というものを考えるときがある。

私の仕事は言語を仲介している。

人に会い、話をし、驚き、感動し、考え、文章を紡ぐ。その過程には会いに行く自分がいる。話をする自分がいる。驚き、文章を紡ぐ作業は私がする。そこに自分がいる。しかし、言葉で表現する限り、それは多くの人と共有することが前提なのだ。そこには自分を囲い込む遮蔽の膜はない。膜の内側にだけに私が棲むなら文は妄想でしかない。言語は自分の膜を溶かすためにある。

そこには自分というものがあって無いようなものなのだ。言葉を使った思いや考えは分かち合えるものなのだ。分かち合い、共有するために言葉を使うのだ。

だから、多分、多くの人の日常生活は自分の膜を溶かすか、ごく薄くすることで成り立っている。社会とは共有の場なのだから。

しかし、竹内洋岳の行動には、いつもそこには竹内という「自分」がいると感じるのだ。曖昧にそう思っていたのだが、なぜとは考えてみなかった。

2008年1月にインタビューを始めて5年。機会がある度に話を聞いてきたのだが、その疑問は続いていた。この度のチョー・オユーでのルートロスト、ダウラギリでのビバークの話を聞き、竹内洋岳を包む自分とは何なのかに触れた気がした。

8000メートルの山の上にたった一人でいる竹内には、言葉は自分に問いかけるだけのものでしか無く、他人と共有するものではなかった。もちろん衛星電話や無線を通して互いの確認は出来ていたのだが、目の前の難関を乗り切るのは竹内しかいないのだ。置かれた状況を判断するのも、体調を推し量るのも、自らを観察するしかない。そこにはたった一人、自分しかいないのだ。

考えや思いは分かち合えるが、肉体は分かち合えない。

パートナーや仲間がいても、体は自分だけのもの。仲間がいても、山に登って一歩ずつ足を運ぶのは自分。他人とは彼の体を分かち合えない。疲れ果てて、やめるのも自分。一歩登ってはしばらく息を整え、次に一歩を運ぶのも自分。

その体を使って、難局を乗り越え、生きてベースキャンプに戻る。それが登山なのだ。体は道具であり、智恵と経験を蓄積した竹内そのものなのだ。

雪崩に遭い、潰れた背骨にチタンのシャフトを入れてガッシャブルムⅡ峰、ブロードピークと継続登山をして還った後に、私に「自分の体には少しがっかりしました。僅かにですが違うんです。無理が利かなくなってますね。それでもそういう体だと知ったら、この体でこそ能力を引き出す、工夫しながら登るのもまた楽しみですよ。この体が嫌だとかではなく、登り方を変えなくてはね」と語ったことがあった。

体は変化し続ける。同じということはない。そうは知っているのだが、昨日と同じ自分でいると誰もが思っている。昨日と異なる自分の体に気づくことなどない。登山家は、自分の体を刻々観察し、その変化を計算に入れて、一歩を進めているのだ。確とした自分がそこにいるのだ。自分を知らなければ、8000メートルの山は登れない。

竹内が言う「登山というスポーツ」には、競う相手がいない。常に条件は違う。ルールも自分で選ぶしかない。判定者もいない。

では、そうした登山という競技はどんなものなのか。竹内の話を聞き、さまざまに考えさせられ、今やっと思えるのは、登山は「自分に対してのスポーツ」なのだということだ。

自分に対してのスポーツである登山を、言葉で語ることで、分かち合いたいと竹内洋岳は思ったのだろう。ブログで体験を語り、思いを述べ、インタビューに答えてきた。『初代　竹内洋岳に聞く』に続いて、彼の14座達成までの本をまとめることが出来たことをうれしく思う。彼の思いが伝えられればいいのだが。

今回もたくさんの方々の協力をいただいた。一緒に登った中島ケンロウ、阿蘇吉洋、両氏の話がなければ、竹内の登山の大事な部分が描けなかった。この本作りは編集者榊原大祐氏の後押しのおかげで完成した。みなさんに感謝します。

2013年5月

塩野米松

本書は書き下ろしです。

本文中のブログは「竹内洋岳公式ブログ　ブログ報知」より、一部編集のうえ引用しました。

塩野米松（しおの・よねまつ）

一九四七年秋田県生まれ。聞き書きの名手。職人から漁師、登山家までその対象は幅広い。『初代　竹内洋岳に聞く』『木のいのち木のこころ』『手業に学べ』など、聞き書き・著書多数。

登頂《とうちょう》　竹内洋岳《たけうちひろたか》

二〇一三年六月十日　初版第一刷発行

著　者　塩野米松

発行者　熊沢敏之

発行所　株式会社筑摩書房

東京都台東区蔵前二―五―三　〒一一一―八七五五

振替〇〇一六〇―八―四一二三

印刷　三松堂印刷株式会社

製本　三松堂印刷株式会社

ISBN978-4-480-81835-5　C0075

筑摩書房サービスセンター

さいたま市北区櫛引町二―六〇四　〒三三一―八五〇七

電話〇四八―六五一―〇〇五三